Gmail Leicht Gemacht

Ein Leitfaden für Anfänger, um Organisiert und Verbunden zu Bleiben

Tech Trends

Copyright © 2024 von Tech Trends

Alle Rechte vorbehalten.
Kein Teil dieses Buches darf ohne die schriftliche Genehmigung des Herausgebers auf irgendeine Weise, sei es grafisch, elektronisch oder mechanisch, einschließlich Fotokopieren, Aufzeichnen, Aufnehmen oder durch ein Informationsspeicher Abrufsystem, verwendet oder reproduziert werden.

Gmail

Leicht

Gemacht

INHALTSVERZEICHNIS

Gmail Leicht Gemacht

Einführung in Gmail

Gmail, von Google entwickelt, ist einer der beliebtesten und am weitesten verbreiteten E-Mail-Dienste weltweit. Gmail wurde 2004 eingeführt und hat sich zu einem Eckpfeiler der Online-Kommunikation für Privatpersonen und Unternehmen entwickelt. Es bietet eine benutzerfreundliche Oberfläche, leistungsstarke Funktionen und eine nahtlose Integration mit anderen Google-Diensten und ist damit die bevorzugte Wahl für Millionen.

Was ist Gmail?

Gmail ist ein kostenloser, webbasierter E-Mail-Dienst von Google, mit dem Benutzer

E-Mails senden, empfangen und organisieren können. Gmail wurde ursprünglich als reiner Einladungsdienst eingeführt und hat sich aufgrund seiner innovativen Funktionen wie Suchfunktionen, einer Konversationsansicht von E-Mails und einer großen Speicherkapazität schnell zu einem Game-Changer in der E-Mail-Welt entwickelt.

Das Grundprinzip von Gmail ist einfach: Benutzer können eine eindeutige E-Mail-Adresse erstellen (z. B. youremail@gmail.com) und dieses Konto verwenden, um Nachrichten zu senden, wichtige Mitteilungen zu empfangen und Kontakte zu verwalten. Was Gmail jedoch wirklich auszeichnet, ist seine leistungsstarke Integration mit den anderen Diensten von Google wie Google Drive, Google Kalender, Google Meet und Google Docs, wodurch es viel mehr als nur eine E-Mail-Plattform ist. Gmail hat sich zu einem zentralen Hub für persönliche Produktivität, Kommunikation und Cloud-Speicher entwickelt.

Zu den herausragenden Funktionen von Gmail gehören das effiziente Spam-Filtersystem, die nahtlose mobile Zugänglichkeit und die Möglichkeit, Tausende von E-Mails zu speichern, ohne befürchten zu müssen, dass der Speicherplatz knapp wird.

Warum Gmail wählen?

Bei der Auswahl eines E-Mail-Anbieters gibt es mehrere Gründe, warum Gmail die erste Wahl ist:

1. **Benutzerfreundliche Oberfläche:** Gmail ist auf Einfachheit und Benutzerfreundlichkeit ausgelegt. Das übersichtliche Layout erleichtert das Navigieren durch Ihren Posteingang, das Senden von E-Mails, das Organisieren von Nachrichten und den Zugriff auf verschiedene Einstellungen. Selbst wenn Sie neu im E-Mail-Bereich sind, sorgt die intuitive Benutzeroberfläche von Gmail

dafür, dass Sie sich schnell mit der Plattform vertraut machen können.

2. **Integration mit Google-Diensten:** Einer der Hauptvorteile von Gmail ist die nahtlose Integration in das gesamte Google-Ökosystem. Gmail lässt sich mühelos mit Google Kalender für die Terminplanung, Google Drive für die Dateispeicherung und -freigabe, Google Docs für die Dokumentenzusammenarbeit und Google Meet für Videokonferenzen verknüpfen. Diese Interkonnektivität sorgt für einen reibungslosen Arbeitsablauf sowohl für den persönlichen als auch für den beruflichen Gebrauch.

3. **Kostenloser und ausreichender Speicherplatz:** Gmail bietet 15 GB kostenlosen Speicherplatz, der von Gmail, Google Drive und Google Fotos gemeinsam genutzt wird. Das bedeutet, dass Sie Tausende von E-Mails, großen Anhängen und Dateien speichern können, ohne ältere Nachrichten löschen zu müssen, um Speicherplatz freizugeben.

Für Nutzer, die noch mehr Speicherplatz benötigen, bietet Google kostengünstige Optionen für ein Upgrade auf Google One-Pläne mit erweitertem Speicherplatz.

4. **Erweiterte Sicherheitsfunktionen:** Google legt großen Wert auf die Sicherheit der Nutzer und macht Gmail zu einer der sichersten Plattformen für die E-Mail-Kommunikation. Es umfasst Funktionen wie die Zwei-Faktor-Authentifizierung (2FA) für zusätzliche Sicherheit, Verschlüsselung für Nachrichten während der Übertragung und Warnungen bei verdächtigen Anmeldeversuchen. Die robuste Spam-Erkennung und der Phishing-Schutz von Gmail sorgen außerdem dafür, dass Ihr Posteingang frei von unerwünschten und schädlichen Nachrichten bleibt.

5. **Leistungsstarke Suchfunktionen:** Google ist für seine Suchmaschine bekannt und Gmail überträgt diese Stärke auf die E-Mail-Verwaltung. Mit der integrierten Suchfunktion können

Benutzer E-Mails schnell finden, indem sie Schlüsselwörter, Absendernamen oder bestimmte Phrasen eingeben. Dies ist besonders nützlich, wenn Sie eine große Anzahl von Nachrichten in Ihrem Posteingang gespeichert haben, da Gmail problemlos relevante Ergebnisse anzeigt.

6. **Mobile Zugänglichkeit:** Auf Gmail kann über verschiedene Geräte zugegriffen werden, darunter Desktops, Smartphones und Tablets. Unabhängig davon, ob Sie ein Android- oder iOS-Gerät verwenden, bietet die Gmail-App alle Funktionen der Webversion, sodass Sie unterwegs in Verbindung bleiben und Ihre E-Mails verwalten können. Die geräteübergreifende Synchronisierung erfolgt automatisch, sodass auf einer Plattform vorgenommene Änderungen überall wirksam werden.

7. **Anpassbarkeit:** Mit Gmail können Sie Ihr Erlebnis personalisieren. Sie können verschiedene Themen auswählen, das Layout Ihres Posteingangs ändern und zur

besseren Organisation Etiketten zu
E-Mails hinzufügen. Sie können auch
verschiedene Registerkarten wie „Primär",
„Soziale Netzwerke" und „Werbung"
aktivieren oder deaktivieren, um die
Anzeige eingehender Nachrichten zu
optimieren.

8. **Zuverlässigkeit und Betriebszeit:**
Google bietet mit Gmail
außergewöhnliche Zuverlässigkeit und
stellt sicher, dass der Dienst fast immer
betriebsbereit ist. Die Ausfallzeiten sind
minimal und Google bietet ständige
Aktualisierungen und Verbesserungen der
Plattform, um ein reibungsloses und
unterbrechungsfreies Erlebnis zu
gewährleisten.

Übersicht über die Gmail-Funktionen

Gmail ist vollgepackt mit einer Vielzahl von
Funktionen, die Ihr E-Mail-Erlebnis verbessern
und die Produktivität steigern sollen. Hier finden

Sie einen Überblick über einige der wichtigsten Funktionen, die Gmail auszeichnen:

1. **Beschriftungen und Filter:** Im Gegensatz zu herkömmlichen Ordnern verwendet Gmail ein Label-System, mit dem Sie einer E-Mail mehrere Labels zuweisen können. Dies bietet Flexibilität bei der Organisation Ihrer Nachrichten, da eine einzelne E-Mail zu mehreren Kategorien gehören kann. Mit Filtern können Sie eingehende E-Mails automatisch nach bestimmten Kriterien sortieren und so Ihren Posteingang effizient verwalten.

2. **Konversationsansicht:** Gmail gruppiert zusammengehörige E-Mails automatisch in einem einzigen Thread, den es „Konversationsansicht" nennt. Das bedeutet, dass alle Antworten und Weiterleitungen im Zusammenhang mit einer Original-E-Mail in einem einzigen, fortlaufenden Thread angezeigt werden,

was die Nachverfolgung des
Konversationsverlaufs erleichtert.

3. **Spam-Filterung:** Das hochentwickelte
Spam-Filtersystem von Gmail erkennt und
trennt automatisch Spam- und
Junk-E-Mails und sorgt so dafür, dass Ihr
Posteingang sauber bleibt. Die
Algorithmen von Google entwickeln sich
ständig weiter, um neue Arten von Spam
zu erkennen und Nutzer vor
Phishing-Angriffen, Malware und anderen
bösartigen Inhalten zu schützen.

4. **E-Mail-Suche:** Die Suchfunktion von
Gmail ist eines der leistungsstärksten
Tools. Sie können E-Mails nach
Schlüsselwörtern, Anhängen, Absender
oder sogar nach bestimmten Daten
suchen. Mit den erweiterten Suchoptionen
können Sie Ihre Suchergebnisse
verfeinern, um wichtige Nachrichten
schnell zu finden.

5. **Google Drive-Integration:** Mit Gmail
können Sie durch die Integration von
Google Drive ganz einfach große

Anhänge versenden. Anstatt sich über Dateigrößenbeschränkungen Gedanken zu machen, können Sie Dateien aus Ihrem Google Drive-Konto anhängen und sie über einen einfachen Link teilen, der keinen E-Mail-Speicherplatz beansprucht.

6. **Priorisierter Posteingang:** Gmail nutzt maschinelles Lernen, um Ihre wichtigsten E-Mails zu priorisieren und sie oben in Ihrem Posteingang zu platzieren. Dies ist hilfreich, wenn Sie viele E-Mails erhalten, da Gmail Ihre E-Mails für ein übersichtliches Erlebnis automatisch in Kategorien wie „Primär", „Soziale Netzwerke" und „Werbung" sortiert.

7. **Senden rückgängig machen:** Gmail bietet die Funktion „Senden rückgängig machen", mit der Sie eine E-Mail Sekunden nach dem Versand zurückrufen können. Diese Funktion kann lebensrettend sein, wenn Sie eine E-Mail an die falsche Person gesendet haben oder nach dem Klicken auf „Senden" einen Fehler bemerken. Sie können anpassen,

wie lange Sie eine gesendete Nachricht rückgängig machen müssen.

8. **E-Mail-Schlummerfunktion:** Manchmal kommen E-Mails zu ungünstigen Zeiten an. Mit der „Snooze"-Funktion von Gmail können Sie eine E-Mail vorübergehend aus Ihrem Posteingang entfernen und sie zu einem günstigeren Zeitpunkt zurücksenden, sodass Sie nie vergessen, auf wichtige Nachrichten zu antworten.

9. **E-Mails planen:** Mit Gmail können Sie den Versand von E-Mails zu einem späteren Zeitpunkt und Datum planen. Diese Funktion ist nützlich für Berufstätige, die während der Arbeitszeit E-Mails versenden möchten oder zeitkritische Informationen ohne Wartezeit versenden müssen.

10. **Gmail-Offline-Modus:** Für Nutzer, die ihre E-Mails ohne Internetzugang verwalten müssen, bietet Gmail einen Offline-Modus. Nach der Aktivierung können Sie E-Mails offline lesen, verfassen und verwalten. Gmail

synchronisiert die Änderungen
automatisch, wenn Sie sich wieder mit
dem Internet verbinden.

11. **Smart Compose und Smart Reply:**
Die KI-gesteuerten Funktionen von Gmail
wie Smart Compose und Smart Reply
helfen Benutzern, E-Mails schneller zu
verfassen. Smart Compose schlägt beim
Tippen Satzvervollständigungen vor,
während Smart Reply schnelle Antworten
auf Nachrichten basierend auf dem
Kontext der Konversation bietet.

12. **Unterstützung mehrerer Konten:**
Mit Gmail können Sie mehrere Konten
über dieselbe Benutzeroberfläche
verwalten und so ganz einfach zwischen
geschäftlichen, privaten oder anderen
E-Mail-Adressen wechseln, ohne sich an-
und abmelden zu müssen.

Erstellen eines Gmail-Kontos

Das Erstellen eines Gmail-Kontos ist ein unkomplizierter Vorgang, der Ihnen nicht nur Zugriff auf E-Mail-Dienste, sondern auch auf die gesamte Suite von Google-Tools und -Diensten wie Google Drive, Google Docs, Google Kalender und mehr gewährt.

Schritt-für-Schritt-Anleitung zur Anmeldung

Die Erstellung eines Gmail-Kontos ist benutzerfreundlich und kann in wenigen einfachen Schritten durchgeführt werden. So geht's:

1. **Besuchen Sie die Gmail-Anmeldeseite:**

- ○ Öffnen Sie Ihren Browser und navigieren Sie zu www.gmail.com. Wenn Sie bereits bei einem anderen Google-Konto angemeldet sind, wird Ihr Posteingang angezeigt. Klicken Sie in diesem Fall oben rechts auf Ihr Profilbild und wählen Sie „Weiteres Konto hinzufügen". Klicken Sie dann auf „Konto erstellen".

2. **Wählen Sie einen Kontotyp:**
   - ○ Google fragt Sie, ob Sie das Konto für sich selbst, Ihr Kind oder für die Arbeit (Geschäft) erstellen. Wenn Sie ein persönliches Konto erstellen, wählen Sie „Für mich selbst" aus. Für die meisten Benutzer ist dies die richtige Option, es sei denn, Sie richten ein Konto für eine andere Person oder für geschäftliche Zwecke ein.

3. **Geben Sie Ihre grundlegenden Informationen ein:**

- ○ **Vor- und Nachname:** Geben Sie Ihren Vor- und Nachnamen in die entsprechenden Felder ein.
- ○ **Wählen Sie einen Benutzernamen:** Dies ist Ihre Gmail-E-Mail-Adresse (z. B. IhrName@gmail.com). Wenn der gewünschte Benutzername bereits vergeben ist, schlägt Gmail Alternativen vor. Versuchen Sie, einen leicht zu merkenden und professionellen Benutzernamen zu wählen, da dies Ihre primäre E-Mail-Adresse zum Senden und Empfangen von Nachrichten ist.
- ○ **Erstellen Sie ein Passwort:** Wählen Sie ein sicheres Passwort, das mindestens 8 Zeichen lang ist. Es wird empfohlen, eine Mischung aus Groß- und Kleinbuchstaben, Zahlen und Sonderzeichen zu verwenden, um das Passwort sicherer zu machen. Geben Sie es in

die Felder „Passwort" und
„Bestätigen" ein.

○ Klicken **Nächste** fortfahren.

4. **Geben Sie Ihre Telefonnummer an (optional, aber empfohlen):**

   ○ Im nächsten Schritt fragt Gmail nach Ihrer Telefonnummer. Dies ist zwar optional, es wird jedoch dringend empfohlen, es hinzuzufügen. Google verwendet Ihre Telefonnummer für Kontosicherheitszwecke wie die Überprüfung und Kontowiederherstellung, wenn Sie Ihr Passwort vergessen.

5. **Fügen Sie eine Wiederherstellungs-E-Mail hinzu (optional):**

   ○ Das Hinzufügen einer Wiederherstellungs-E-Mail-Adresse ist eine weitere nützliche Option zur Kontowiederherstellung. Wenn Sie Ihr Gmail-Passwort vergessen oder Probleme mit Ihrem Konto haben,

sendet Google Anweisungen zur
Wiederherstellung an diese
alternative E-Mail-Adresse.

6. **Geben Sie Ihr Geburtsdatum und
   Geschlecht ein:**

   ○ Google benötigt diese
     Informationen, um sicherzustellen,
     dass Sie das Mindestalter für die
     Erstellung eines Google-Kontos
     erfüllen. Sie müssen Ihr
     Geburtsdatum angeben und Ihr
     Geschlecht auswählen. Wenn Sie
     möchten, können Sie für das
     Geschlecht auch „Eher nicht sagen"
     wählen.

7. **Akzeptieren Sie die
   Nutzungsbedingungen und
   Datenschutzbestimmungen von Google:**

   ○ Nachdem Sie die erforderlichen
     Felder ausgefüllt haben, werden Sie
     aufgefordert, die
     Nutzungsbedingungen und
     Datenschutzbestimmungen von
     Google zu lesen. Es ist wichtig zu

verstehen, womit Sie einverstanden
sind, da dies beschreibt, wie Google
mit Ihren Daten umgeht und welche
Pflichten Sie als Nutzer haben.

○ Wenn Sie es durchgelesen haben,
klicken Sie **Ich stimme zu**
fortfahren.

Kontoverifizierungsprozess

Nach der Erstellung Ihres Gmail-Kontos
verlangt Google oft eine Verifizierung, um
sicherzustellen, dass Sie ein legitimer Nutzer
sind und um Spam oder betrügerische
Kontoerstellung zu verhindern. So funktioniert
der Verifizierungsprozess:

1. **Überprüfung der Telefonnummer:**
   ○ Wenn Sie während des
   Anmeldevorgangs eine
   Telefonnummer angegeben haben,
   sendet Google per SMS
   (Textnachricht) einen

Bestätigungscode an diese
Nummer.

○ Geben Sie den Code, den Sie
erhalten, in das Bestätigungsfeld
auf dem Bildschirm ein. Dieser
Schritt bestätigt, dass die von Ihnen
eingegebene Telefonnummer Ihnen
gehört und für zukünftige
Sicherheitszwecke verwendet wird,
z. B. zur Kontowiederherstellung
und für Benachrichtigungen über
verdächtige Aktivitäten.

2. **Alternative E-Mail-Verifizierung:**

○ Wenn Sie sich für die Angabe einer
alternativen E-Mail-Adresse zur
Wiederherstellung entschieden
haben, sendet Google
möglicherweise eine
Bestätigungsnachricht an diese
E-Mail-Adresse. Um dies zu
überprüfen, gehen Sie zu Ihrem
Wiederherstellungs-E-Mail-Postein
gang, öffnen Sie die E-Mail von

Google und klicken Sie zur
Bestätigung auf den Link.

3. **Captcha-Verifizierung:**
    ○ Gelegentlich fordert Google Sie
    möglicherweise mit einem Captcha
    (einer Reihe verzerrter Buchstaben
    oder Zahlen) auf, um zu bestätigen,
    dass Sie kein Roboter sind. Dies ist
    ein einfacher Schritt, bei dem Sie
    die auf dem Bildschirm angezeigten
    Zeichen in ein dafür vorgesehenes
    Feld eingeben müssen.

4. **Einrichtung der Bestätigung in zwei**
    Schritten (optional):
    ○ Google bietet eine zusätzliche
    Sicherheitsebene namens
    Bestätigung in zwei Schritten
    (oder
    Zwei-Faktor-Authentifizierung).
    Sobald Sie Ihre Telefonnummer
    bestätigt haben, haben Sie die
    Möglichkeit, diese Funktion zu
    aktivieren.

○ Wenn die Bestätigung in zwei Schritten aktiviert ist, müssen Sie jedes Mal einen Code eingeben, der an Ihr Telefon gesendet wird, wenn Sie sich von einem neuen oder unbekannten Gerät aus bei Ihrem Gmail-Konto anmelden. Dadurch wird sichergestellt, dass jemand, der Ihr Passwort kennt, nicht auf Ihr Konto zugreifen kann, ohne Zugriff auf Ihr Telefon zu haben.

Obwohl dies nicht zwingend erforderlich ist, wird die Einrichtung der Bestätigung in zwei Schritten für eine erhöhte Kontosicherheit dringend empfohlen.

Optionen zur Kontowiederherstellung einrichten

Um Ihr Gmail-Konto zu schützen und sicherzustellen, dass Sie den Zugriff wiederherstellen können, falls Sie einmal

gesperrt werden, ist die Einrichtung von
Optionen zur Kontowiederherstellung
unerlässlich. Zu diesen Optionen gehören das
Hinzufügen einer
Wiederherstellungs-E-Mail-Adresse, einer
Telefonnummer und Sicherheitsfragen (obwohl
Sicherheitsfragen jetzt seltener vorkommen).

1. **E-Mail-Adresse zur Wiederherstellung:**
   - Eine Wiederherstellungs-E-Mail ist
     eine alternative E-Mail-Adresse,
     mit der Sie Ihr Gmail-Passwort
     zurücksetzen oder Ihr Konto
     wiederherstellen können, wenn es
     kompromittiert wurde. Google
     sendet Ihnen eine E-Mail mit
     Anweisungen, wenn Sie eine
     Passwortzurücksetzung anfordern.
   - Um Ihre Wiederherstellungs-E-Mail
     hinzuzufügen oder zu aktualisieren,
     führen Sie die folgenden Schritte
     aus:
     - Gehen Sie zu Ihren
       Google-Kontoeinstellungen,

indem Sie in der oberen
rechten Ecke von Gmail auf
Ihr Profilbild (oder Ihre
Initiale) klicken.

- Klicken **Verwalten Sie Ihr
  Google-Konto.**
- Wählen Sie in der linken
  Seitenleiste aus **Sicherheit.**
- Scrollen Sie nach unten zum
  **So können wir es
  überprüfen Du** Abschnitt
  und klicken Sie An
  Erholung E-Mail.
- Geben Sie eine gültige
  Wiederherstellungs-E-Mail-A
  dresse ein, auf die Sie Zugriff
  haben. Google sendet Ihnen
  dann zur Bestätigung eine
  Bestätigungs-E-Mail.

2. **Telefonnummer zur Wiederherstellung:**
   - Ähnlich wie bei der
     Wiederherstellungs-E-Mail wird
     eine
     Wiederherstellungs-Telefonnummer

verwendet, um Ihre Identität zu überprüfen, wenn Sie Ihr Passwort vergessen oder verdächtige Aktivitäten in Ihrem Konto stattfinden. Google kann per SMS einen Bestätigungscode an diese Nummer senden, damit Sie wieder Zugriff erhalten.

- So legen Sie Ihre Wiederherstellungstelefonnummer fest oder ändern sie:
    - Gehen Sie in Ihren Google-Kontoeinstellungen zu **Sicherheit** Tab.
    - Scrollen Sie zu **So können wir Ihre Identität überprüfen** und auswählen **Wiederherstellungstelefon**.
    - Geben Sie Ihre Telefonnummer ein und Google sendet einen Code zur Bestätigung der Nummer.

3. **Sicherheitsfragen (heute seltener):**

○ In der Vergangenheit wurden bei der Kontowiederherstellung häufig Sicherheitsfragen verwendet, z. B. „Wie hieß Ihr erstes Haustier?" oder „Was ist deine Lieblingsfarbe?" Allerdings gelten diese Fragen inzwischen als weniger sicher und werden von Google heute nur noch selten verwendet. Stattdessen konzentriert sich Google mehr auf Wiederherstellungs-E-Mails und Telefonnummern zur Verifizierung.

4. **Aktualisieren Ihrer Kontowiederherstellungsoptionen:**

○ Es ist wichtig, die Optionen zur Kontowiederherstellung regelmäßig zu überprüfen und zu aktualisieren, insbesondere wenn sich Ihre Telefonnummer oder E-Mail-Adresse ändert. Veraltete Wiederherstellungsinformationen können es schwierig machen, wieder Zugriff auf Ihr Gmail-Konto

zu erhalten, wenn Probleme auftreten.

- o Um die Wiederherstellungsoptionen zu aktualisieren, gehen Sie einfach zu Ihrem **Google-Konto** Einstellungen unter **Sicherheit** Registerkarte, auf der Sie sowohl Ihre Wiederherstellungs-E-Mail-Adresse als auch Ihre Telefonnummer ändern können.

Warum das Einrichten von Kontowiederherstellungsoptionen wichtig ist

1. **Vergessene Passwörter:**
   - o Einer der häufigsten Gründe, warum Menschen den Zugriff auf ihre Gmail-Konten verlieren, ist das Vergessen ihres Passworts. Wenn eine E-Mail-Adresse oder Telefonnummer zur Wiederherstellung vorhanden ist,

kann Google Ihnen ganz einfach
einen Link oder Code zum
Zurücksetzen des Passworts senden,
damit Sie schnell wieder Zugriff
erhalten.

2. **Sicherheitsbedenken:**
   - Falls Google ungewöhnliche
     Anmeldeaktivitäten von einem
     unbekannten Gerät oder Standort
     erkennt, werden Sie über Ihre
     Wiederherstellungstelefonnummer
     oder E-Mail benachrichtigt. Dies
     trägt dazu bei, unbefugten Zugriff
     auf Ihr Konto zu verhindern.

3. **Kontosperrungen:**
   - Wenn Ihr Konto aufgrund mehrerer
     fehlgeschlagener Anmeldeversuche
     oder Sicherheitsproblemen gesperrt
     wird, verwendet Google Ihre
     Wiederherstellungsinformationen,
     um Sie durch die Schritte zur
     Überprüfung Ihrer Identität und
     Wiederherstellung des Zugriffs zu
     führen.

Navigieren in der Gmail-Benutzero berfläche

Nachdem Sie Ihr Gmail-Konto erstellt haben, besteht der nächste Schritt darin, sich mit der Gmail-Oberfläche vertraut zu machen. Wenn Sie wissen, wie Sie durch die verschiedenen Abschnitte navigieren, können Sie Ihre E-Mails effizient verwalten, Ihren Posteingang organisieren und Ihr Erlebnis an Ihre Vorlieben anpassen.

Dieses Kapitel hilft Ihnen, die wesentlichen Komponenten der Gmail-Benutzeroberfläche zu verstehen, einschließlich Posteingang, Beschriftungen, Kategorien, Seitenleiste und Einstellungen. Wenn Sie diese Elemente beherrschen, verbessern Sie Ihr E-Mail-Erlebnis und helfen Ihnen, organisiert und produktiv zu bleiben.

Übersicht über den Posteingang

Der Posteingang ist der zentrale Knotenpunkt Ihres Gmail-Kontos. Hier werden alle eingehenden E-Mails gespeichert und es ist benutzerfreundlich gestaltet und verfügt über verschiedene Tools und Funktionen, die die E-Mail-Verwaltung vereinfachen.

1. **Posteingangslayout:**
    o Wenn Sie Gmail öffnen, ist Ihr Posteingang das Erste, was Sie sehen. Es ist normalerweise in Spalten unterteilt:
       ▪ **Absender:** Zeigt den Namen oder die E-Mail-Adresse der Person oder Organisation an, die die E-Mail gesendet hat.

- **Betreffzeile:** Bietet eine kurze Beschreibung des E-Mail-Inhalts.
- **Ausschnitt:** Zeigt die ersten paar Wörter der E-Mail an und gibt Ihnen eine Vorschau, bevor Sie sie öffnen.
- **Zeitstempel:** Zeigt an, wann die E-Mail empfangen wurde.

2. **Ungelesene vs. gelesene E-Mails:**
   - Ungelesene E-Mails werden fett hervorgehoben, sodass sie sich vom Rest der Nachrichten abheben. Sobald Sie eine E-Mail öffnen und lesen, wird sie im normalen Text angezeigt, um anzuzeigen, dass sie gelesen wurde.
   - Sie können eine E-Mail auch manuell als ungelesen markieren, indem Sie sie auswählen und oben im Dreipunktmenü auf die Option „Als ungelesen markieren" klicken.

3. **E-Mail-Aktionen:**

○ Links neben jeder E-Mail im Posteingang sehen Sie ein Kontrollkästchen, mit dem Sie mehrere E-Mails auswählen können. Nach der Auswahl können Sie Massenaktionen durchführen, wie zum Beispiel:

■ **Archiv:** Verschieben Sie E-Mails aus Ihrem Posteingang, bewahren Sie sie jedoch zum späteren Nachschlagen auf.

■ **Löschen:** Entfernen Sie unerwünschte E-Mails dauerhaft.

■ **Als Spam markieren:** Verschieben Sie verdächtige oder unerwünschte E-Mails in den Spam-Ordner.

■ **In Ordner/Label verschieben:** Organisieren Sie E-Mails, indem Sie sie nach bestimmten Labels oder Ordnern kategorisieren.

4. **Markierte E-Mails:**
   ○ Auf der linken Seite jeder E-Mail befindet sich ein Sternsymbol. Durch Klicken auf den Stern können Sie wichtige E-Mails markieren, um später schnell darauf zugreifen zu können. Markierte E-Mails werden zum einfachen Abrufen in einem speziellen Ordner „Markiert" gespeichert.

5. **E-Mails sortieren und durchsuchen:**
   ○ Gmail sortiert E-Mails automatisch nach Datum, wobei die neuesten E-Mails oben angezeigt werden. Sie können jedoch auch nach Absender, Betreff oder bestimmten Labels sortieren, wenn Sie Ihren Posteingang anders organisieren möchten.
   ○ **Suchleiste:** Die Suchfunktion von Gmail ist sehr fortschrittlich. Sie können nach bestimmten E-Mails suchen, indem Sie Schlüsselwörter, Absendernamen oder sogar

Dateitypen (z. B. „PDF" oder
„Bild") eingeben. Darüber hinaus
können Sie erweiterte Suchfilter
wie Datumsbereiche verwenden,
um Ihre Suchergebnisse
einzugrenzen.

Beschriftungen und Kategorien verstehen

Eine der leistungsstärksten
Organisationsfunktionen von Gmail ist die
Verwendung von Labels und Kategorien. Im
Gegensatz zu herkömmlichen E-Mail-Ordnern
verwendet Gmail Labels zum Markieren von
E-Mails, sodass Sie einer einzelnen E-Mail zur
besseren Organisation mehrere Labels zuweisen
können.

1. **Etiketten:**
   - Labels fungieren wie Tags oder
     Ordner in Gmail und helfen Ihnen,
     Ihre E-Mails in bestimmte
     Kategorien zu organisieren. Sie

können benutzerdefinierte Etiketten basierend auf Ihren Vorlieben erstellen.

○ E-Mails können mehrere Labels zugewiesen werden. Beispielsweise kann eine arbeitsbezogene E-Mail zu einem Projekt sowohl mit „Arbeit" als auch mit „Projekt A" gekennzeichnet werden.

○ **Etiketten erstellen:**

■ Klicken Sie in der linken Seitenleiste auf **Mehr**, scrollen Sie dann nach unten und klicken Sie **Neues Etikett erstellen**. Geben Sie den Namen Ihres Labels ein (z. B. „Arbeit", „Privat", „Familie") und klicken Sie **Erstellen**.

■ Um einer E-Mail ein Label zuzuweisen, öffnen Sie die E-Mail, klicken Sie oben auf das Label-Symbol und

wählen Sie das Label aus
dem Dropdown-Menü aus.

o **Verschachtelte Etiketten:** Sie
können unter vorhandenen Etiketten
Unteretiketten (verschachtelte
Etiketten) erstellen. Beispielsweise
können Sie unter einem
„Arbeit"-Label Unterlabels wie
„Projekt A" und „Projekt B" für
eine feinere Organisation erstellen.

2. **Kategorien:**

o Gmail sortiert Ihre E-Mails
automatisch in vordefinierte
Kategorien und erleichtert so die
Verwaltung Ihres Posteingangs.
Diese Kategorien werden als
Registerkarten oben in Ihrem
Posteingang angezeigt und
umfassen:

■ **Primär:** Dies ist die
Standardregisterkarte, auf der
Ihre wichtigsten persönlichen
E-Mails zugestellt werden.

- **Sozial:** E-Mails von Social-Media-Plattformen wie Facebook, Instagram, Twitter und LinkedIn werden in diese Kategorie einsortiert.

- **Aktionen:** E-Mails, die Werbeangebote, Rabatte, Sonderangebote oder Newsletter von Unternehmen enthalten, werden hier kategorisiert.

- **Aktualisierungen:** Benachrichtigungen, Bestätigungen und Belege von Online-Diensten wie Banking oder Versand werden in die Registerkarte „Updates" gefiltert.

- **Foren:** In dieser Kategorie werden E-Mails von Diskussionsforen, Mailinglisten oder Online-Foren gespeichert, die Sie abonniert haben.

o Sie können diese Kategorien in
Ihren Gmail-Einstellungen
anpassen, um nur die gewünschten
Tabs anzuzeigen. Wenn Sie einen
minimalistischen Posteingang
bevorzugen, können Sie einige
dieser Kategorien deaktivieren.

3. **Labels und Kategorien verwalten:**

o Sie können Ihre Etiketten jederzeit
umbenennen, löschen oder die
Farbe ändern. Klicken Sie einfach
auf die drei Punkte neben dem
Labelnamen in der Seitenleiste und
ein Menü mit Optionen wird
angezeigt.

o Ebenso können Sie
E-Mail-Kategorien aktivieren oder
deaktivieren, indem Sie auf gehen
**Einstellungen > Posteingang >
Kategorien**, wo Sie die Kategorien,
die Sie nicht benötigen,
deaktivieren können.

4. **Archivierung und Kennzeichnung:**

- ○ Durch das Archivieren von E-Mails können Sie diese aus Ihrem Posteingang entfernen, ohne sie zu löschen. Archivierte E-Mails können weiterhin unter der Bezeichnung „Alle E-Mails" und über die Suchfunktion gefunden werden.

- ○ Die Beschriftung ist eine großartige Möglichkeit, E-Mails zu organisieren, ohne sie in separate Ordner verschieben zu müssen. Sie können einer E-Mail mehrere Labels zuweisen und sie archivieren, sodass sie nicht mehr in Ihrem Posteingang ist, aber dennoch unter den entsprechenden Labels leicht zu finden ist.

Erkunden der Seitenleiste und der Einstellungen

Die Gmail-Benutzeroberfläche verfügt über eine
Seitenleiste auf der linken Seite des Bildschirms,
die einfachen Zugriff auf verschiedene Ordner,
Labels und zusätzliche Google-Dienste bietet.
Nachfolgend finden Sie eine Aufschlüsselung
der wichtigsten Funktionen in der Seitenleiste
und wie Sie die Einstellungen an Ihre
Bedürfnisse anpassen können.

1. **Übersicht über die Seitenleiste:**
   o Die Seitenleiste bietet eine schnelle
     Möglichkeit, durch verschiedene
     Abschnitte von Gmail zu
     navigieren. Folgendes finden Sie:
     - **Posteingang:** Zeigt Ihren
       Posteingang mit allen
       empfangenen E-Mails an.
     - **Mit dabei:** Zeigt alle
       E-Mails an, die Sie für den
       schnellen Zugriff mit einem
       Stern markiert haben.
     - **Geschlummert:** Wenn Sie
       eine E-Mail zurückstellen

(auf später verschieben), wird sie hier gespeichert.

- **Gesendet:** Enthält alle E-Mails, die Sie gesendet haben.
- **Entwürfe:** Speichert E-Mails, die Sie mit dem Verfassen begonnen, aber noch nicht gesendet haben.
- **Alle E-Mails:** Dieser Abschnitt enthält alle Ihre E-Mails, sowohl in Ihrem Posteingang als auch in den archivierten.
- **Spam:** Als Spam markierte E-Mails gelangen hierher. Gmail löscht Spam-E-Mails automatisch nach 30 Tagen.
- **Müll:** E-Mails, die Sie löschen, werden in den Papierkorb verschoben. Nach 30 Tagen werden sie endgültig gelöscht.

- **Benutzerdefinierte Etiketten:** Alle von Ihnen erstellten Etiketten werden in diesem Abschnitt angezeigt, damit Sie schnell darauf zugreifen können.

2. **Einstellungsmenü:**
   - Das Einstellungsmenü von Gmail ist vollgepackt mit Anpassungsoptionen, mit denen Sie das Layout Ihres Posteingangs, Ihr E-Mail-Verhalten und mehr anpassen können. Sie können auf dieses Menü zugreifen, indem Sie auf das Zahnradsymbol in der oberen rechten Ecke der Gmail-Benutzeroberfläche klicken und auswählen **Alle Einstellungen anzeigen**.
   - Hier sind einige wichtige Abschnitte des Einstellungsmenüs:
     - **Allgemein:** Auf dieser Registerkarte können Sie grundlegende

48

Gmail-Einstellungen wie Standardantwortverhalten, Textformatierungsoptionen, Signaturerstellung, Urlaubsantwort (automatische Antwort) und Tastaturkürzel ändern.

- **Etiketten:** Verwalten Sie Ihre Etiketten von hier aus, indem Sie neue erstellen, umbenennen, ausblenden oder löschen. Sie können auch auswählen, ob bestimmte Beschriftungen in Ihrer Posteingangsansicht angezeigt oder ausgeblendet werden sollen.

- **Posteingang:** Steuern Sie, wie Ihr Posteingang aussieht und funktioniert. Sie können auswählen, wie E-Mails organisiert werden (Standard, Wichtig zuerst, Ungelesen zuerst usw.),

Posteingangskategorien
aktivieren oder deaktivieren
und Prioritätsoptionen für
den Posteingang einrichten.

■ **Konten und Import:** Wenn
Sie andere E-Mail-Konten
mit Gmail verknüpfen oder
eine E-Mail-Weiterleitung
einrichten möchten, können
Sie dies auf dieser
Registerkarte tun. Sie können
hier auch Ihre
Google-Kontoeinstellungen
ändern.

■ **Filter und blockierte
Adressen:** In diesem
Abschnitt können Sie Regeln
(Filter) erstellen, die E-Mails
basierend auf Kriterien wie
Absender, Schlüsselwörtern
oder E-Mail-Größe
automatisch sortieren,
löschen oder weiterleiten.

- **Weiterleitung und POP/IMAP:** Hierbei handelt es sich um erweiterte Einstellungen, die es Ihnen ermöglichen, über andere E-Mail-Clients auf Ihr Gmail zuzugreifen oder eingehende E-Mails automatisch an eine andere Adresse weiterzuleiten.

- **Themen:** Passen Sie das Aussehen Ihrer Gmail-Benutzeroberfläche an, indem Sie ein Thema oder Hintergrundbild auswählen.

3. **Zusätzliche Seitenleistenfunktionen:**

   - Unten in der Seitenleiste finden Sie Symbole für einige der anderen Dienste von Google, wie zum Beispiel:

     - **Google Kalender:** Sehen Sie sich Ereignisse in Ihrem Google Kalender schnell an und verwalten Sie sie, ohne Ihren Posteingang zu verlassen.

- **Google Keep:** Halten Sie Notizen und Aufgabenlisten griffbereit und leicht zugänglich.
- **Google-Aufgaben:** Verwalten und verfolgen Sie Aufgaben, die Sie erstellen oder aus E-Mails importieren.
  - o Sie können diese Tools je nach Bedarf zur Seitenleiste hinzufügen oder daraus entfernen.

4. **Anpassen der Seitenleiste:**
   - o Die Gmail-Seitenleiste kann angepasst werden, um Abschnitte auszublenden oder bestimmte Beschriftungen besser sichtbar zu machen. Klicken Sie dazu oben in der Seitenleiste auf die drei Linien (Menüsymbol), um sie zu minimieren oder zu erweitern.

○ Sie können die Beschriftungen und
Kategorien auch neu anordnen,
indem Sie sie nach oben oder unten
ziehen.

Verfassen und Senden von E-Mails in Gmail

Das Verfassen und Versenden von E-Mails ist eine der Grundfunktionen von Gmail. Unabhängig davon, ob Sie einem Kollegen, einem Freund oder einem Kunden schreiben, bietet Gmail eine Vielzahl von Funktionen, mit denen Sie Ihre Nachrichten anpassen und verbessern können. Wenn Sie wissen, wie Sie diese Funktionen nutzen, können Sie effektiver und professioneller kommunizieren.

So verfassen Sie eine E-Mail

Das Verfassen und Versenden einer E-Mail in Gmail ist unkompliziert, Gmail bietet jedoch zahlreiche Optionen, mit denen Sie Ihre E-Mails vielseitiger und ansprechender gestalten können.

1. **Öffnen des Fensters „Erstellen":**
   - Um mit dem Schreiben einer E-Mail zu beginnen, klicken Sie auf **Komponieren** Klicken Sie auf die Schaltfläche auf der linken Seite der Gmail-Benutzeroberfläche, direkt über der Bezeichnung des Posteingangs.
   - Unten rechts auf dem Bildschirm wird ein neues Fenster angezeigt. Sie können jedoch auf den Pfeil in der oberen rechten Ecke des Fensters klicken, um es für eine Vollbildansicht zu erweitern.
2. **Ausfüllen der E-Mail-Felder:**
   - **Zu:** Dies ist das Empfängerfeld, in das Sie die E-Mail-Adresse der Person (oder Personen) eingeben,

an die Sie die E-Mail senden
möchten.

- Sie können die
  E-Mail-Adresse des
  Empfängers manuell
  eingeben oder aus Ihrer
  Kontaktliste auswählen,
  indem Sie die ersten paar
  Buchstaben seines Namens
  eingeben. Gmail schlägt dann
  automatisch
  Übereinstimmungen aus
  Ihren Kontakten vor.

○ **Thema:** Die Betreffzeile ist ein
  kurzer, beschreibender Satz, der den
  Inhalt Ihrer E-Mail zusammenfasst.
  Dies ist eines der ersten Dinge, die
  der Empfänger sieht, daher ist es
  wichtig, es klar und prägnant zu
  formulieren.

- Beispiele für wirkungsvolle
  Betreffzeilen sind:
  „Besprechungsbestätigung",

„Rechnung für Juni 2024"
oder „Projektaktualisierung".

○ **E-Mail-Text:** Unterhalb der Betreffzeile befindet sich der Hauptteil Ihrer E-Mail, in den Sie Ihre Nachricht eingeben. Hier können Sie alle notwendigen Informationen, Details oder Anweisungen angeben.

3. **Verfassen der Nachricht:**

○ Beginnen Sie Ihre E-Mail mit einer Begrüßung, z. B. „Hallo [Name des Empfängers]" oder „Sehr geehrter [Name des Empfängers]", abhängig von der Formalität der E-Mail.

○ Schreiben Sie nach der Begrüßung den Text Ihrer E-Mail. Seien Sie klar und prägnant und stellen Sie sicher, dass Ihre Nachricht leicht lesbar ist. Teilen Sie längere E-Mails in Absätze auf und verwenden Sie zur besseren Übersicht Aufzählungspunkte oder nummerierte Listen.

- Schließen Sie Ihre E-Mail mit einer Schlussbemerkung ab, z. B. „Mit freundlichen Grüßen", „Danke" oder „Mit freundlichen Grüßen", gefolgt von Ihrem Namen.

4. **Einen Entwurf speichern:**
   - Während Sie schreiben, speichert Gmail Ihre E-Mail automatisch als Entwurf. Wenn Sie mit dem Schreiben aufhören und später zur Nachricht zurückkehren müssen, können Sie das Fenster zum Verfassen schließen und die E-Mail wird dann in Ihrem gespeichert **Entwürfe** Ordner. Sie können jederzeit zum Entwurf zurückkehren, um ihn fertigzustellen und zu senden.

5. **Senden der E-Mail:**
   - Wenn Sie mit dem Inhalt Ihrer E-Mail zufrieden sind, klicken Sie auf **Schicken** Klicken Sie auf die Schaltfläche unten im Verfassen-Fenster. Gmail stellt Ihre

Nachricht sofort dem/den
Empfänger(n) zu.

Anhänge und Links hinzufügen

In vielen Fällen müssen Sie Dateien oder Links
in Ihre E-Mails einfügen, z. B. Dokumente,
Bilder, PDFs oder Website-URLs. Mit Gmail
können Sie diese Elemente ganz einfach zu Ihren
Nachrichten hinzufügen.

1. **Anhänge hinzufügen:**
   - Um eine Datei anzuhängen, klicken
     Sie auf **Büroklammer-Symbol** am
     unteren Rand des Fensters zum
     Verfassen. Dadurch wird ein
     Datei-Explorer geöffnet, in dem Sie
     die Datei auswählen können, die
     Sie von Ihrem Computer anhängen
     möchten.
   - Gmail unterstützt eine Vielzahl von
     Dateitypen, darunter Dokumente
     (Word, PDF),

Tabellenkalkulationen (Excel),
Bilder (JPEG, PNG) und mehr.

○ Nachdem Sie die Datei ausgewählt
haben, wird sie als Anhang am
unteren Rand des
Erstellungsfensters angezeigt.

○ Gmail hat eine
Größenbeschränkung für Anhänge,
die derzeit bei 25 MB pro E-Mail
liegt. Wenn Ihre Datei dieses Limit
überschreitet, werden Sie von
Gmail aufgefordert, die Datei auf
Google Drive hochzuladen, und ein
Link zur Datei wird in die E-Mail
eingefügt.

2. **Links einfügen:**

○ Um einen Hyperlink in Ihre E-Mail
einzufügen, markieren Sie den Text,
den Sie verlinken möchten, und
klicken Sie dann auf **Link-Symbol**
(das wie eine Kette aussieht) am
unteren Rand des
Erstellungsfensters.

- ○ Es erscheint ein Dialogfeld, in das
  Sie die URL einfügen können, zu
  der Sie einen Link erstellen
  möchten.
- ○ Sobald Sie den Link eingefügt
  haben, wird der Text unterstrichen
  und der Empfänger kann darauf
  klicken, um zur Webseite
  weitergeleitet zu werden.
- ○ Sie können auch einfache URLs
  einfügen, indem Sie diese einfach
  in den E-Mail-Text einfügen. Gmail
  erkennt die URL automatisch und
  wandelt sie in einen anklickbaren
  Link um.

Verwendung von CC und BCC

Gmail bietet zwei zusätzliche Felder:**CC**
(Durchschlag) und **BCC** (Blind Carbon Copy) –
die es Ihnen ermöglichen, dieselbe E-Mail an
mehrere Empfänger zu senden, ohne sie alle in
das primäre „An"-Feld einzutragen. Diese Felder

sind hilfreich, um die Kommunikation mit großen Gruppen zu verwalten oder die Privatsphäre zwischen Empfängern zu wahren.

1. **CC (Durchschlag):**
   - Das CC-Feld wird verwendet, wenn Sie eine Kopie der E-Mail zusätzlich zu den Hauptempfängern an andere Empfänger senden möchten.
   - Empfänger im CC-Feld erhalten die E-Mail und alle in den Feldern „An" und „CC" aufgeführten Personen können die E-Mail-Adressen der anderen sehen.
   - CC wird typischerweise aus Gründen der Transparenz verwendet, wenn Sie möchten, dass andere Personen informiert werden, aber keine Antwort von ihnen verlangen.

2. **BCC (Blind Carbon Copy):**

- ○ Mit dem BCC-Feld können Sie eine
  E-Mail an mehrere Empfänger
  senden, ohne deren
  E-Mail-Adressen gegenseitig
  preiszugeben.
- ○ Empfänger im BCC-Feld sehen die
  anderen im BCC-Feld enthaltenen
  Personen nicht. Dies ist nützlich für
  den Datenschutz oder beim
  Versenden von E-Mails an große
  Gruppen von Personen, die nicht
  unbedingt wissen müssen, wer die
  Nachricht sonst noch erhält.
- ○ Im Gegensatz zu CC wird BCC
  häufig für Massen-E-Mails
  verwendet oder wenn Sie die
  Vertraulichkeit zwischen den
  Empfängern wahren möchten.

3. **So verwenden Sie CC und BCC:**
   - ○ Um Empfänger zu den CC- oder
     BCC-Feldern hinzuzufügen, klicken
     Sie auf **CC** oder **BCC**
     Schaltflächen auf der rechten Seite

des Felds „An" beim Verfassen
einer E-Mail.

○ Geben Sie die E-Mail-Adressen der
Personen ein, die Sie per CC oder
BCC senden möchten, genau wie
im Feld „An".

**Formatierungsoptionen (Schriftarten, Farben
und Stile)**

Mit Gmail können Sie den Text in Ihren E-Mails
formatieren und Schriftarten, Farben und Stile
anpassen. Diese Funktion ist nützlich, wenn Sie
bestimmte Teile Ihrer Nachricht hervorheben
oder Ihre E-Mails einfach optisch ansprechender
gestalten möchten.

1. **Öffnen der Formatierungssymbolleiste:**
   ○ Am unteren Rand des Fensters zum
   Verfassen finden Sie Folgendes:
   siehe a **"A"** Symbol. Wenn Sie auf
   dieses Symbol klicken, wird die
   Formatierungssymbolleiste

geöffnet, die zahlreiche Optionen
zum Anpassen Ihres Textes bietet.

2. **Schriftarten:**

   o **Schriftfamilie:** Gmail bietet
   mehrere Schriftartoptionen zur
   Auswahl. Standardmäßig werden
   Ihre E-Mails in der
   Standard-Gmail-Schriftart (Sans
   Serif) geschrieben. Sie können dies
   jedoch ändern, indem Sie
   Schriftarten wie auswählen **Arial**,
   Kurier Neu, **Georgia**, **Tahoma**,
   Verdana, und mehr.

   o **Schriftgröße:** Sie können die
   Größe des Textes auch mit dem
   Schriftgrößen-Tool anpassen. Die
   Optionen reichen von klein, normal,
   groß bis riesig, je nachdem, wie der
   Text angezeigt werden soll.

3. **Textfarbe und Hervorhebung:**

   o **Textfarbe:** Sie können die Farbe
   Ihres Textes ändern, indem Sie
   auswählen **„A"-Symbol mit einem
   Farbbalken** darunter in der

Symbolleiste. Wählen Sie aus einer Vielzahl von Farben oder erstellen Sie eine individuelle Farbe, wenn Sie eine bestimmte Vorliebe haben.

- ○ **Hervorhebung:** Um bestimmte Wörter oder Phrasen hervorzuheben, können Sie sie durch Auswahl hervorheben **Hervorhebungsfarbe** Option. Dadurch wird hinter dem ausgewählten Text ein farbiger Hintergrund platziert, der ihn hervorhebt.

4. **Textstile:**

- ○ **Fett, kursiv und unterstrichen:** Dies sind die am häufigsten verwendeten Formatierungsstile, um bestimmte Teile Ihrer Nachricht hervorzuheben. Fettschrift wird für starke Hervorhebungen, Kursivschrift für milde Hervorhebungen oder Zitate und Unterstreichungen zur

Hervorhebung wichtiger Punkte
verwendet.

■ Um diese Stile anzuwenden,
klicken Sie einfach auf **B**,
ICH, oder **IN** Klicken Sie
auf die Schaltflächen in der
Formatierungssymbolleiste,
nachdem Sie den Text
ausgewählt haben, den Sie
ändern möchten.

○ **Durchgestrichen:** Wenn Sie
angeben möchten, dass etwas
durchgestrichen oder nicht mehr
relevant ist, können Sie die
Durchstreichungsoption verwenden,
indem Sie auf klicken **S** Taste.

5. **Textausrichtung und Listen:**

○ **Ausrichtung:** Mit Gmail können
Sie Ihren Text je nach Wunsch
links, zentriert oder rechts
ausrichten. Sie können auch
Einzüge für Absätze erstellen,
indem Sie die verwenden **Einzug**

vergrößern Und **Einzug verkleinern** Tasten.

○ **Aufzählungspunkte und nummerierte Listen:** Wenn Sie Listen in Ihrer E-Mail erstellen müssen, können Sie die Tools für Aufzählungspunkte oder nummerierte Listen verwenden. Diese Funktionen erleichtern die Organisation von Inhalten in einem klaren und lesbaren Format.

6. **Formatierung entfernen:**

○ Wenn Sie zu viele Formatierungsoptionen angewendet haben und den Text auf seinen Standardzustand zurücksetzen möchten, markieren Sie einfach den Text und klicken Sie auf „T" **mit Schrägstrich** Klicken Sie auf die Schaltfläche (Formatierung entfernen). Dadurch werden alle Stile, Farben und Formatierungen entfernt, sodass der Text wieder

sein schlichtes Erscheinungsbild
erhält.

Empfangen und Organisieren von E-Mails in Gmail

Gmail soll Benutzern dabei helfen, ihre E-Mails effizient zu verwalten und das Empfangen, Lesen und Organisieren von Nachrichten zu vereinfachen. Indem Sie die Gmail-Funktionen zum Empfangen und Organisieren von E-Mails beherrschen, können Sie Ihre Produktivität steigern und sicherstellen, dass Sie keine wichtigen Informationen verpassen.

So lesen Sie E-Mails

Das Lesen von E-Mails in Gmail ist unkompliziert, aber wenn Sie die

Benutzeroberfläche verstehen, können Sie Ihren Posteingang optimal nutzen.

1. **Zugriff auf Ihren Posteingang:**
   - Wenn Sie sich bei Gmail anmelden, sehen Sie als Erstes Ihren Posteingang, in dem alle Ihre empfangenen E-Mails aufgeführt sind. Ungelesene E-Mails werden in der Regel fett gedruckt, sodass sie leicht zu identifizieren sind.
   - E-Mails werden standardmäßig in einer Konversationsansicht angezeigt, was bedeutet, dass alle Antworten auf eine einzelne E-Mail gruppiert sind, was eine einfachere Verfolgung von Diskussionen ermöglicht.
2. **Eine E-Mail öffnen:**
   - Um eine E-Mail zu lesen, klicken Sie einfach auf die Betreffzeile der Nachricht. Dadurch wird die E-Mail im Lesebereich auf der rechten Seite des Bildschirms geöffnet.

○ Wenn Sie möchten, können Sie die E-Mail in einem neuen Fenster öffnen, indem Sie auf klicken **Pop-out-Symbol** (ein Quadrat mit einem Pfeil) befindet sich oben rechts im E-Mail-Bereich.

3. **Durch E-Mails navigieren:**

   ○ Sobald Sie eine E-Mail lesen, können Sie mithilfe der Pfeilsymbole oben im E-Mail-Bereich ganz einfach zur nächsten oder vorherigen E-Mail navigieren.

   ○ Wenn Sie nach dem Lesen einer E-Mail zu Ihrem Posteingang zurückkehren möchten, können Sie einfach auf klicken **Posteingang** Beschriftung in der linken Seitenleiste.

4. **E-Mails beantworten, weiterleiten oder löschen:**

   ○ Während Sie eine E-Mail lesen, können Sie schnell antworten, indem Sie auf klicken **Antwort**

Schaltfläche, die sich
normalerweise am Ende der E-Mail
befindet. Sie können sich auch
dafür entscheiden **Allen antworten**
(um alle Empfänger einzuschließen)
oder **Nach vorne** die E-Mail an
jemand anderen.

○ Wenn Sie entscheiden, dass die
E-Mail nicht mehr benötigt wird,
können Sie sie löschen, indem Sie
auf klicken **Müll** Symbol.

5. **E-Mails als ungelesen markieren:**

○ Wenn Sie eine E-Mail lesen, sie
aber zur späteren Überprüfung
aufbewahren möchten, können Sie
sie als ungelesen markieren.
Klicken Sie einfach auf
Drei-Punkte-Menü (Mehr)
befindet sich oben in der E-Mail,
und wählen Sie dann aus **Als
ungelesen markieren**. Die E-Mail
wird in Ihrem Posteingang wieder
in Fettschrift angezeigt.

E-Mails mit Labels organisieren

Labels in Gmail funktionieren ähnlich wie
Ordner, bieten jedoch mehr Flexibilität. Sie
können einer einzelnen E-Mail mehrere Labels
zuweisen, um das Kategorisieren und Auffinden
von Nachrichten zu erleichtern.

1. **Etiketten erstellen:**
   - Um ein neues Etikett zu erstellen,
     scrollen Sie in der linken
     Seitenleiste nach unten und klicken
     Sie auf **Mehr** um das Menü zu
     erweitern. Wählen Sie dann aus
     Neues Etikett erstellen.
   - Geben Sie im angezeigten
     Dialogfeld den Namen des Etiketts
     ein und klicken Sie auf **Erstellen**.
     Sie können Etiketten auch unter
     vorhandenen Etiketten
     verschachteln, indem Sie die Option
     „Etikett verschachteln unter"
     aktivieren.

2. **Anwenden von Labels auf E-Mails:**

   ○ Um einer E-Mail ein Label
   zuzuweisen, aktivieren Sie das
   Kontrollkästchen neben der E-Mail
   in Ihrem Posteingang. Klicken Sie
   dann auf **Etikettensymbol** (ein
   Tag) oben auf der Seite und wählen
   Sie die gewünschte(n)
   Beschriftung(en) aus dem
   Dropdown-Menü aus.

   ○ Sie können Labels auch beim Lesen
   einer E-Mail anwenden. Klicken
   Sie auf **Etikettensymbol** Wählen
   Sie oben in der E-Mail die
   entsprechende Bezeichnung aus und
   klicken Sie auf **Anwenden**.

3. **E-Mails anhand von Labels finden:**

   ○ Sobald Sie Ihre E-Mails mit einem
   Label versehen haben, können Sie
   sie leicht finden, indem Sie in der
   linken Seitenleiste auf den
   Labelnamen klicken. Dadurch
   werden alle mit diesem Label
   verknüpften E-Mails angezeigt,

sodass Sie wichtige Nachrichten schnell finden können.

4. **Labels aus E-Mails entfernen:**

   ○ Wenn Sie ein Etikett aus einer E-Mail entfernen müssen, wählen Sie die E-Mail aus und klicken Sie auf **Etikettensymbol** wieder. Deaktivieren Sie das Etikett, das Sie entfernen möchten, und es wird nicht mehr in dieser E-Mail angezeigt.

5. **Verwendung farbcodierter Etiketten:**

   ○ Zur besseren Sichtbarkeit können Sie Ihren Etiketten Farben zuweisen. Klicken Sie mit der rechten Maustaste auf die Beschriftung in der linken Seitenleiste und wählen Sie **Etikettenfarbe**. Wählen Sie aus den verfügbaren Farben oder klicken Sie auf **Fügen Sie eine benutzerdefinierte Farbe hinzu** um Ihr eigenes zu erstellen.

E-Mails als wichtig oder markiert markieren

Gmail bietet Tools, mit denen Sie wichtige
E-Mails hervorheben und den Überblick über
Nachrichten behalten können, die Ihre
Aufmerksamkeit erfordern.

1. **E-Mails als wichtig markieren:**
   - Gmail verwendet ein kleines gelbes
     Markierungssymbol (einen kleinen
     Pfeil), um wichtige E-Mails zu
     kennzeichnen. Um eine E-Mail als
     wichtig zu markieren, klicken Sie
     auf **Markierungssymbol** neben der
     E-Mail in Ihrem Posteingang.
   - Sie können eine E-Mail auch als
     unwichtig markieren, indem Sie
     erneut auf das Symbol klicken.
     Gmail lernt im Laufe der Zeit aus
     Ihren Aktionen und kategorisiert
     möglicherweise automatisch
     ähnliche E-Mails basierend auf
     Ihrem Verhalten.

2. **Verwendung der Sternfunktion:**
   ○ Sterne sind eine weitere Möglichkeit, wichtige E-Mails hervorzuheben. Zu Stern eine E-Mail, klicken Sie auf **Sternsymbol** neben der E-Mail in Ihrem Posteingang. Der Stern wird gelb und zeigt damit an, dass die E-Mail markiert wurde.
   ○ Zur besseren Kategorisierung können Sie auch verschiedene Sternenfarben auswählen. Gehe zu **Einstellungen** (das Zahnradsymbol), auswählen **Alle Einstellungen anzeigen**, und klicken Sie dann auf **Mit einem Stern versehen** Klicken Sie auf die Registerkarte, um anzupassen, welche Sterne verfügbar sind.
3. **Markierte E-Mails anzeigen:**
   ○ Um alle Ihre markierten E-Mails anzuzeigen, klicken Sie auf **Mit einem Stern versehen** Beschriftung in der linken

Seitenleiste. Dadurch wird Ihr
Posteingang so gefiltert, dass nur
die E-Mails angezeigt werden, die
Sie mit einem Stern markiert haben.

4. **Kombinieren von Sternen und Labels:**
   o Für eine noch bessere Organisation
     können Sie Sterne in Kombination
     mit Etiketten verwenden. Zum
     Beispiel könnten Sie Stern E-Mails,
     die sofortige Aufmerksamkeit
     erfordern, und kennzeichnen Sie sie
     für bestimmte Projekte oder
     Themen.

E-Mails für zukünftige Verwendung archivieren

Das Archivieren von E-Mails ist eine großartige
Möglichkeit, Ihren Posteingang aufgeräumt zu
halten und gleichzeitig Nachrichten zum
späteren Nachschlagen aufzubewahren. Im
Gegensatz zum Löschen können Sie mit der
Archivierung E-Mails aus Ihrem Posteingang

entfernen, ohne dass diese dauerhaft verloren
gehen.

1. **E-Mails archivieren:**
   - Um eine E-Mail zu archivieren,
     wählen Sie die E-Mail aus, indem
     Sie auf das Kontrollkästchen
     daneben klicken, und klicken Sie
     dann auf **Archivsymbol** (ein
     Kästchen mit einem Abwärtspfeil)
     oben im Posteingang. Alternativ
     können Sie die E-Mail öffnen und
     auf klicken **Archivsymbol** im
     E-Mail-Bereich.
   - Nach der Archivierung
     verschwindet die E-Mail aus Ihrem
     Posteingang, Sie können jedoch
     später über darauf zugreifen **Alle
     E-Mails** Etikett.
2. **Archivierte E-Mails finden:**
   - Um archivierte E-Mails anzuzeigen,
     klicken Sie auf **Mehr** Option in der
     linken Seitenleiste und wählen Sie
     dann aus **Alle E-Mails**. Dadurch

werden alle E-Mails angezeigt, einschließlich der archivierten.

- Sie können die Suchleiste auch verwenden, um bestimmte archivierte E-Mails zu finden, indem Sie Schlüsselwörter oder die Adresse des Absenders eingeben.

3. **E-Mails aus der Archivierung entfernen:**

   - Wenn Sie eine archivierte E-Mail in Ihrem Posteingang wiederherstellen möchten, gehen Sie zu **Alle E-Mails**, suchen Sie die E-Mail, wählen Sie sie aus und klicken Sie auf **In den Posteingang verschieben** Symbol (ein Umschlag mit einem Pfeil) oben auf der Seite. Die E-Mail wird wieder in Ihrem Posteingang angezeigt.

4. **Archivieren vs. Löschen:**

   - Die Archivierung ist nützlich, um Ihren Posteingang sauber zu halten und gleichzeitig wichtige Informationen aufzubewahren. Im

Gegensatz dazu wird durch das Löschen die E-Mail dauerhaft aus Ihrem Konto entfernt. Wenn Sie sich nicht sicher sind, ob Sie eine E-Mail später benötigen, ist es sicherer, sie zu archivieren statt zu löschen.

Beantworten und Weiterleiten von E-Mails in Gmail

Gmail bietet intuitive Funktionen zum
Beantworten und Weiterleiten von E-Mails,
sodass Sie problemlos an Gesprächen
teilnehmen und Informationen mit anderen teilen
können. Unabhängig davon, ob Sie einem
Kollegen, einem Freund oder einem
Familienmitglied antworten, ist die
Beherrschung dieser Funktionen für eine
effektive Kommunikation unerlässlich.

Beantwortung einzelner E-Mails

Das Beantworten einer einzelnen E-Mail ist in Gmail ganz einfach. So machen Sie es effektiv:

1. **Öffnen Sie die E-Mail:**
   o Melden Sie sich zunächst bei Ihrem Gmail-Konto an und navigieren Sie zu Ihrem Posteingang. Klicken Sie auf die E-Mail, auf die Sie antworten möchten. Dadurch wird sie im Lesebereich oder in einem neuen Fenster geöffnet.

2. **Klicken Sie auf die Schaltfläche „Antworten":**
   o Sobald die E-Mail geöffnet ist, suchen Sie nach **Antwort** Schaltfläche unten in der E-Mail. Die Schaltfläche wird häufig durch einen nach links gerichteten Pfeil dargestellt. Klicken Sie auf diese Schaltfläche, um mit dem Verfassen Ihrer Antwort zu beginnen.

3. **Verfassen Sie Ihre Antwort:**
   o Am Ende des E-Mail-Threads wird ein Textfeld angezeigt. Hier können

Sie Ihre Nachricht eingeben. Die
Original-E-Mail wird in Ihre
Antwort eingefügt, die dem
Empfänger Kontext bietet.

o Sie können Ihren Text mithilfe der
Symbolleistenoptionen unten im
Verfassen-Fenster formatieren. Zu
den Optionen gehören das Ändern
des Schriftstils, der Schriftgröße
und der Farbe sowie das
Hinzufügen von Listen oder Links.

4. **Anhänge hinzufügen (falls
erforderlich):**

o Wenn Sie Dateien oder Dokumente
hinzufügen müssen, können Sie
diese anhängen, indem Sie auf
klicken **Dateien anhängen** Symbol
(eine Büroklammer) unten im
Erstellungsfenster. Wählen Sie die
Datei auf Ihrem Computer aus und
sie wird in Ihre Antwort
hochgeladen.

5. **Senden Sie Ihre Antwort:**

○ Nachdem Sie Ihre Nachricht
verfasst und etwaige Anhänge
hinzugefügt haben, überprüfen Sie
Ihre E-Mail, um sicherzustellen,
dass sie den richtigen Ton und die
richtigen Informationen vermittelt.
Wenn Sie zufrieden sind, klicken
Sie auf **Schicken** Klicken Sie auf
die Schaltfläche, bei der es sich
normalerweise um ein blaues
Symbol in der unteren linken Ecke
des Erstellungsfensters handelt.

6. **Gesendete E-Mails prüfen:**
   ○ Nachdem Sie Ihre Antwort
   gesendet haben, finden Sie eine
   Kopie davon in Ihrem **Gesendet**
   Ordner, der sich in der linken
   Seitenleiste befindet. So behalten
   Sie den Überblick über Ihre
   Antworten und können bei Bedarf
   darauf zurückgreifen.

Allen Empfängern antworten

Wenn Sie an einem Gruppengespräch teilnehmen, ist es oft wichtig, auf alle Beteiligten zu antworten. So antworten Sie allen Empfängern in Gmail:

1. **Öffnen Sie die Gruppen-E-Mail:**
   - Navigieren Sie zu Ihrem Posteingang und klicken Sie auf die Gruppen-E-Mail, auf die Sie antworten möchten. In dieser E-Mail werden im Feld „An" mehrere Empfänger angezeigt.

2. **Wählen Sie „Allen antworten":**
   - Anstelle des regulären **Antwort** Schaltfläche, suchen Sie nach **Allen antworten** Schaltfläche, die normalerweise durch zwei nach links gerichtete Pfeile dargestellt wird. Durch Klicken auf diese Option wird sichergestellt, dass Ihre Antwort an alle im E-Mail-Thread beteiligten Personen gesendet wird.

3. **Verfassen Sie Ihre Nachricht:**

- o Im Antwortfenster sehen Sie im Feld „An" die Adressen aller ursprünglichen Empfänger. Dadurch wird sichergestellt, dass jeder Gesprächsteilnehmer Ihre Antwort erhält.
- o Geben Sie Ihre Nachricht in das dafür vorgesehene Textfeld ein. Der ursprüngliche E-Mail-Inhalt ist weiterhin sichtbar, sodass die Empfänger den Kontext Ihrer Antwort besser verstehen können.

4. **Anhänge hinzufügen (falls erforderlich):**
   - o Wenn Sie Dateien für die Gruppe freigeben müssen, klicken Sie auf **Dateien anhängen** Symbol (die Büroklammer) und wählen Sie die relevanten Dokumente von Ihrem Gerät aus.

5. **Überprüfen und senden:**
   - o Überprüfen Sie Ihre Nachricht vor dem Absenden noch einmal auf Klarheit und Professionalität. Wenn

Sie zufrieden sind, klicken Sie auf **Schicken** Klicken Sie auf die Schaltfläche, um Ihre Antwort an alle Empfänger in der Konversation zu verteilen.

6. **E-Mail-Etikette:**
   ○ Wenn Sie allen antworten, überlegen Sie, ob Ihre Antwort für jeden Empfänger relevant ist. Wenn Ihre Nachricht nur an eine Person gerichtet ist, ist es möglicherweise sinnvoller, nur dieser Person zu antworten, um die Posteingänge anderer nicht zu überladen.

E-Mails an andere weiterleiten

Durch das Weiterleiten von E-Mails können Sie Nachrichten oder Informationen mit Personen teilen, die ursprünglich nicht an der Konversation beteiligt waren. So geht's:

1. **Öffnen Sie die E-Mail zum Weiterleiten:**
   - Suchen Sie in Ihrem Posteingang nach der E-Mail, die Sie weiterleiten möchten. Klicken Sie auf die E-Mail, um sie im Lesebereich oder in einem neuen Fenster zu öffnen.

2. **Wählen Sie die Weiterleitungsoption:**
   - Suchen Sie nach dem **Nach vorne** Schaltfläche, die sich normalerweise am Ende des E-Mail-Threads befindet. Die Schaltfläche wird durch einen nach rechts zeigenden Pfeil dargestellt. Klicken Sie darauf, um den Weiterleitungsvorgang zu starten.

3. **Verfassen Sie Ihre Weiterleitungsnachricht:**
   - Es öffnet sich ein neues Fenster zum Verfassen, das bereits mit dem ursprünglichen E-Mail-Inhalt gefüllt ist. Geben Sie im Feld „An" die E-Mail-Adresse der Person oder

Personen ein, an die Sie die E-Mail
weiterleiten möchten.

○ Sie können auch oben in der
weitergeleiteten Nachricht eine
Notiz oder einen Kommentar
hinzufügen, um Kontext
bereitzustellen oder wichtige
Punkte hervorzuheben.

4. **Anhänge hinzufügen (falls zutreffend):**

○ Wenn die ursprüngliche E-Mail
Anhänge enthielt, werden diese
automatisch in die weitergeleitete
Nachricht aufgenommen. Wenn Sie
jedoch weitere Anhänge hinzufügen
möchten, klicken Sie auf **Dateien
anhängen** Symbol (die
Büroklammer) und wählen Sie Ihre
Dateien aus.

5. **Überprüfen und senden:**

○ Lesen Sie vor dem Absenden Ihre
weitergeleitete Nachricht durch, um
Klarheit und Relevanz
sicherzustellen. Sobald alles gut

aussieht, klicken Sie auf **Schicken**
Taste.

6. **Weitergeleitete E-Mails finden:**
   o Die weitergeleitete E-Mail wird an
     die von Ihnen angegebenen
     Empfänger gesendet und eine
     Kopie wird auch in Ihrem
     gespeichert **Gesendet** Ordner für
     Ihre Unterlagen.

Verwalten von Spam und Junk-Mail in Gmail

Die Verwaltung von Spam- und Junk-Mails ist ein entscheidender Aspekt der Nutzung Google Mail effektiv. Spam-E-Mails können Ihren Posteingang überladen, Sie von wichtigen Nachrichten ablenken und sogar ein Sicherheitsrisiko darstellen. Wenn Sie wissen, wie Sie Spam erkennen, unerwünschte E-Mails melden und blockieren und sich von Newslettern abmelden, die Sie nicht mehr erhalten möchten, können Sie einen saubereren und besser organisierten Posteingang aufrechterhalten.

Spam-E-Mails identifizieren

Spam-E-Mails sind unerwünschte Nachrichten, die häufig Produkte oder Dienstleistungen bewerben, irreführende Informationen enthalten oder Phishing-Betrug versuchen. Hier sind einige Tipps, die Ihnen helfen, Spam-E-Mails zu erkennen:

1. **Suchen Sie nach allgemeinen Grüßen:**
   - In Spam-E-Mails werden häufig allgemeine Begrüßungen wie „Sehr geehrter Kunde" oder „Hallo Freund" verwendet. In seriösen E-Mails von Unternehmen, mit denen Sie interagiert haben, werden Sie in der Regel namentlich angesprochen.
2. **Überprüfen Sie die E-Mail-Adresse des Absenders:**
   - Überprüfen Sie die E-Mail-Adresse des Absenders sorgfältig. Spam-E-Mails können von

Adressen stammen, die seriösen
Unternehmen ähneln, aber häufig
geringfügige Rechtschreibfehler
oder seltsame Domänennamen
aufweisen. Beispielsweise könnte
eine E-Mail von
„info@paypa1.com" anstelle von
„info@paypal.com" auf einen
Phishing-Versuch hinweisen.

3. **Achten Sie auf verdächtige
Betreffzeilen:**

   o Spam-E-Mails enthalten
   möglicherweise übertriebene
   Behauptungen wie „Herzlichen
   Glückwunsch!" Du hast einen Preis
   gewonnen!" oder „Dringend: Ihr
   Konto wird gesperrt!" Seriöse
   E-Mails von vertrauenswürdigen
   Quellen haben in der Regel klare
   und relevante Betreffzeilen.

4. **Untersuchen Sie den Inhalt:**

   o Viele Spam-E-Mails enthalten
   schlechte Grammatik,
   Rechtschreibfehler oder

umständliche Formulierungen. Sie
könnten Sie auch dazu drängen,
sofort Maßnahmen zu ergreifen, z.
B. auf einen Link zu klicken oder
persönliche Informationen
anzugeben.

5. **Seien Sie vorsichtig bei
   unaufgeforderten Angeboten:**

   o E-Mails, die für Produkte oder
     Dienstleistungen werben, an denen
     Sie kein Interesse bekundet haben,
     können oft als Spam kategorisiert
     werden. Wenn Sie sich nicht für ein
     bestimmtes Angebot oder eine
     bestimmte Werbeaktion angemeldet
     haben, handelt es sich
     wahrscheinlich um eine
     unaufgeforderte Aktion.

6. **Überprüfen Sie Anhänge und Links:**

   o Seien Sie vorsichtig bei E-Mails mit
     unerwarteten Anhängen oder Links.
     Wenn Sie mit der Maus über Links
     fahren (ohne darauf zu klicken),
     wird ihr tatsächliches Ziel in der

Statusleiste des Browsers angezeigt.
Wenn der Link verdächtig aussieht
oder zu einer fremden Website
führt, vermeiden Sie ihn am besten.

7. **Auf mehrere Empfänger prüfen:**
   - Spam-E-Mails enthalten oft viele
     Empfänger in den Feldern „An"
     oder „CC". Seriöse E-Mails
     verfügen in der Regel über eine
     gezieltere Empfängerliste.

Wenn Sie sich mit diesen Merkmalen vertraut
machen, können Sie Spam-E-Mails schnell
erkennen und entsprechende Maßnahmen
ergreifen.

Spam melden und blockieren

Gmail bietet integrierte Tools, mit denen Sie
Spam-E-Mails effektiv melden und blockieren
können. So verwenden Sie sie:

1. **Spam melden:**

○ Wenn Sie eine E-Mail als Spam identifizieren, können Sie sie direkt an Gmail melden:

■ **Öffnen Sie die E-Mail:** Klicken Sie auf die Spam-E-Mail, um deren Inhalt anzuzeigen.

■ **Klicken Sie auf die Schaltfläche „Spam melden":** Klicken Sie in der oberen rechten Ecke der E-Mail (dargestellt durch ein Ausrufezeichen-Symbol) auf **Spam melden** Taste. Diese Aktion informiert die Gmail-Algorithmen über die E-Mail und trägt so zur Verbesserung der Spam-Filter bei.

■ **In den Spam-Ordner verschieben:** Nach der Meldung wird die E-Mail automatisch in Ihren Spam-Ordner verschoben und zukünftige E-Mails desselben Absenders werden möglicherweise als Spam gefiltert.

2. **Absender blockieren:**

   o Wenn Sie wiederholt Spam-E-Mails von einem bestimmten Absender erhalten, ist das Blockieren seiner E-Mail-Adresse eine wirksame Möglichkeit, zukünftige Nachrichten zu verhindern:

      ■ **Öffnen Sie die E-Mail:** Klicken Sie auf die Spam-E-Mail.

      ■ **Klicken Sie auf die Schaltfläche „Weitere Optionen":** Klicken Sie in der oberen rechten Ecke der E-Mail auf die drei vertikalen Punkte (Weitere Optionen).

      ■ **Wählen Sie „[Absender] blockieren":** Wählen Sie die **[Absender] blockieren** Option. Diese Aktion

verhindert nicht nur, dass
künftige E-Mails dieses
Absenders in Ihrem
Posteingang erscheinen,
sondern sendet auch alle
eingehenden Nachrichten von
dieser Adresse automatisch
an Ihren Spam-Ordner.

3. **Verwalten Ihres Spam-Ordners:**
   - Überprüfen Sie regelmäßig Ihre
     Spam Ordner, um sicherzustellen,
     dass legitime E-Mails nicht
     versehentlich als Spam markiert
     werden. Gmail löscht E-Mails im
     Spam-Ordner automatisch nach 30
     Tagen. Wenn Sie also eine wichtige
     Nachricht finden, verschieben Sie
     sie unbedingt zurück in Ihren
     Posteingang.

Unerwünschte Newsletter abbestellen

Mit der Zeit stellen Sie möglicherweise fest, dass Sie Newsletter oder Werbe-E-Mails abonniert haben, die Sie nicht mehr interessieren. So können Sie sich effektiv abmelden:

1. **Unerwünschte Newsletter identifizieren:**
   - Überprüfen Sie Ihren Posteingang auf E-Mails von Newslettern oder Werbelisten, die Sie nicht erhalten möchten. Dazu gehören häufig Werbeaktionen im Einzelhandel, Aktualisierungen von Websites oder Warnungen von Organisationen.
2. **Über den Abmeldelink:**
   - Die meisten legitimen Werbe-E-Mails enthalten eine **Abbestellen** Link, normalerweise am Ende der Nachricht:
     - **Öffnen Sie die E-Mail:** Klicken Sie auf den Newsletter oder die

Werbe-E-Mail, um den Inhalt anzuzeigen.

- **Finden Sie den Link zum Abbestellen:** Scrollen Sie zum Ende der E-Mail und suchen Sie nach **Abbestellen** Link. Dies kann anders beschriftet sein, z. B. „Einstellungen verwalten" oder „Opt-Out".

- **Klicken Sie auf den Abmeldelink:** Wenn Sie auf diesen Link klicken, werden Sie normalerweise zu einer Webseite weitergeleitet, auf der Sie Ihre Entscheidung zur Abmeldung bestätigen können. Befolgen Sie die bereitgestellten Anweisungen, und Sie sollten in Zukunft keine E-Mails mehr von diesem Absender erhalten.

3. **Verwenden der Abmeldefunktion von Gmail:**

   ○ Gmail verfügt außerdem über eine integrierte Funktion zum direkten Abbestellen von Newslettern:

   ■ **Öffnen Sie die E-Mail:** Klicken Sie auf die E-Mail, von der Sie sich abmelden möchten.

   ■ **Suchen Sie nach der Schaltfläche „Abbestellen":** Wenn Gmail die E-Mail als Newsletter erkennt, wird möglicherweise eine angezeigt **Abbestellen** Link oben in der E-Mail neben dem Namen des Absenders.

   ■ **Klicken Sie auf Abmelden:** Wenn Sie auf diesen Link klicken, wird der Abmeldevorgang durchgeführt, ohne dass Sie zu einer anderen Webseite navigieren müssen.

4. **Filter für zukünftige E-Mails erstellen:**
   ○ Wenn Sie feststellen, dass Sie auch nach der Abmeldung weiterhin unerwünschte E-Mails erhalten, sollten Sie über die Erstellung eines Filters in Gmail nachdenken:
      ■ **Gehen Sie zu Einstellungen:** Klicken Sie oben rechts auf das Zahnradsymbol und wählen Sie aus **Alle Einstellungen anzeigen.**
      ■ **Wählen Sie Filter und blockierte Adressen aus:** Gehe zum **Filter und blockierte Adressen** Tab.
      ■ **Erstellen Sie einen neuen Filter:** Klicken **Erstellen Sie einen neuen Filter** und geben Sie die E-Mail-Adresse des Absenders oder bestimmte Schlüsselwörter ein, um unerwünschte E-Mails

herauszufiltern. Sie können
sie dann automatisch löschen
oder archivieren.

5. **Regelmäßige Wartung:**

   o Überprüfen Sie regelmäßig Ihre
   Abonnements und die Art der
   E-Mails, die Sie erhalten, um
   sicherzustellen, dass sie Ihren
   Interessen entsprechen. Wenn Sie
   Ihre Abonnements proaktiv
   verwalten, können Sie
   unerwünschte Unordnung in Ihrem
   Posteingang erheblich reduzieren.

Suche und Filter in Gmail

Die Such- und Filterfunktionen von Gmail sind leistungsstarke Tools, mit denen Benutzer E-Mails schnell finden und ihre Posteingänge effektiv verwalten können. Wenn Benutzer verstehen, wie sie die Suchleiste verwenden, Filter erstellen und verwalten und nach bestimmten Anhängen oder Kontakten suchen, können sie ihr E-Mail-Erlebnis optimieren und die Produktivität steigern.

Die Suchleiste von Gmail effektiv nutzen

Die Suchleiste in Gmail ist eine der nützlichsten Funktionen zum schnellen Auffinden bestimmter

E-Mails. Hier sind einige Tipps und Techniken für die effektive Nutzung der Suchleiste:

1. **Einfache Suche:**
   - Um eine einfache Suche zu starten, klicken Sie einfach auf die Suchleiste oben in Ihrer Gmail-Benutzeroberfläche und geben Sie Schlüsselwörter ein, die sich auf die gesuchte E-Mail beziehen. Dies kann den Namen des Absenders, die Betreffzeile oder bestimmte Ausdrücke im E-Mail-Text umfassen. Drücken **Eingeben** um die Ergebnisse anzuzeigen.
2. **Suchoperatoren:**
   - Gmail unterstützt eine Vielzahl von Suchoperatoren, mit denen Sie Ihre Ergebnisse eingrenzen können. Hier sind einige häufig verwendete Operatoren:
     - **aus:** Verwenden Sie diesen Operator, um nach E-Mails

von einem bestimmten Absender zu suchen. Zum Beispiel Tippen von:john@example.com zeigt alle von John empfangenen E-Mails an.

■ **Zu:** Dieser Operator hilft Ihnen, E-Mails zu finden, die an einen bestimmten Empfänger gesendet wurden. Zum Beispiel, an:jane@example.com zeigt alle an Jane gesendeten Nachrichten an.

■ **Thema:** Verwenden Sie diese Funktion, um nach E-Mails zu suchen, die bestimmte Wörter in der Betreffzeile enthalten, z. B Betreff: Treffen.

■ **hat:Anhang:** Mit diesem Operator können Sie E-Mails finden, die Anhänge enthalten. Einfach tippen hat:Anhang um alle E-Mails mit Anhängen anzuzeigen.

- **vor:** Und **nach:** Diese Operatoren sind nützlich, um E-Mails nach Datum zu filtern. Zum Beispiel, vor: 01.01.2024 zeigt alle E-Mails an, die vor dem 1. Januar 2024 eingegangen sind nach: 01.01.2024 zeigt diejenigen an, die nach diesem Datum eingegangen sind.

- **ist:ungelesen:** Um ungelesene E-Mails zu finden, geben Sie einfach Folgendes ein ist: ungelesen in der Suchleiste.

3. **Suchoperatoren kombinieren:**
   - Sie können mehrere Suchoperatoren kombinieren, um Ihre Suche weiter zu verfeinern. Zum Beispiel Tippen von:john@example.com hat:Anhang nach:01.01.2024 zeigt alle E-Mails von John an, die

Anhänge haben und nach dem 1. Januar 2024 eingegangen sind.

4. **Verwenden des Suchoptionsmenüs:**
    - Um auf erweiterte Suchfunktionen zuzugreifen, klicken Sie auf den Abwärtspfeil auf der rechten Seite der Suchleiste. Dadurch wird ein Suchoptionsmenü geöffnet, in dem Sie Details wie Absender, Empfänger, Betreff, Schlüsselwörter und Datumsbereich angeben können. Nachdem Sie Ihre Kriterien eingegeben haben, klicken Sie auf **Suchen** Klicken Sie auf die Schaltfläche, um relevante E-Mails zu finden.

5. **Suchen speichern:**
    - Wenn Sie häufig nach denselben Kriterien suchen, sollten Sie Ihre Suchanfragen speichern, um später leichter darauf zugreifen zu können. Während Gmail nicht über eine direkte Funktion zum Speichern der Suche verfügt, können Sie die

Such-URL zur schnellen Referenz
in Ihrem Browser mit einem
Lesezeichen versehen.

Filter erstellen und verwalten

Filter in Gmail sind Regeln, die eingehende
E-Mails automatisch nach bestimmten Kriterien
sortieren. Sie können dabei helfen, Ihren
Posteingang automatisch zu verwalten
organisieren Sie können Nachrichten in Ordnern
speichern, Etiketten anbringen, E-Mails
archivieren oder löschen, sobald sie eingehen.
So erstellen und verwalten Sie Filter:

1. **Einen Filter erstellen:**
   - **Öffnen Sie die Einstellungen:**
     Klicken Sie oben rechts auf das
     Zahnradsymbol und wählen Sie aus
     Alle Einstellungen anzeigen.
   - **Navigieren Sie zu Filtern und
     blockierten Adressen:** Klicken Sie

auf **Filter und blockierte Adressen** Tab.

○ **Erstellen Sie einen neuen Filter:** Klicken Sie auf **Erstellen Sie einen neuen Filter** Link. Es erscheint ein Dialogfenster, in dem Sie die Kriterien für den Filter eingeben können. Sie können Folgendes angeben:

- **Aus:** E-Mails von einem bestimmten Absender.
- **Zu:** E-Mails, die an einen bestimmten Empfänger gesendet werden.
- **Thema:** E-Mails mit bestimmten Wörtern in der Betreffzeile.
- **Hat die Worte:** E-Mails mit bestimmten Schlüsselwörtern.
- **Nicht vorhanden:** E-Mails, die bestimmte Wörter nicht enthalten.

- **Größe:** E-Mails, die größer oder kleiner als eine angegebene Größe sind.

- **Datum innerhalb:** E-Mails, die innerhalb eines bestimmten Datumsbereichs empfangen wurden.

○ **Klicken Sie auf Filter erstellen:** Nachdem Sie Ihre Kriterien eingegeben haben, klicken Sie auf **Filter erstellen** Taste.

2. **Anwenden von Aktionen auf den Filter:**

○ Nachdem Sie den Filter erstellt haben, werden Sie aufgefordert, Aktionen für die eingehenden E-Mails auszuwählen, die Ihren Kriterien entsprechen. Zu diesen Maßnahmen können gehören:

- **Den Posteingang überspringen (archivieren):** Passende E-Mails automatisch archivieren.

- **Als gelesen markieren:** Markieren Sie E-Mails bei Ankunft als gelesen.
- **Markieren Sie es:** Markieren Sie passende E-Mails zur einfachen Identifizierung.
- **Bringen Sie das Etikett an:** Organisieren Sie passende E-Mails in bestimmte Labels.
- **Leiten Sie es weiter an:** Eingehende E-Mails an eine andere E-Mail-Adresse weiterleiten.
- **Löschen Sie es:** Übereinstimmende E-Mails automatisch löschen.
  - Wenn Sie die gewünschten Aktionen ausgewählt haben, klicken Sie auf **Filter erstellen** um es zu aktivieren.
3. **Vorhandene Filter verwalten:**
   - Um einen vorhandenen Filter zu bearbeiten oder zu löschen, kehren Sie zum zurück **Filter und**

blockierte Adressen Registerkarte
in den Einstellungen. Hier sehen
Sie eine Liste Ihrer Filter:

- **Bearbeiten:** Klicken Sie auf
  bearbeiten Klicken Sie auf
  den Link neben einem Filter,
  um seine Kriterien oder
  Aktionen zu ändern. Nehmen
  Sie die erforderlichen
  Änderungen vor und klicken
  Sie auf **Weitermachen**, Dann
  Filter aktualisieren.

- **Löschen:** Um einen Filter zu
  entfernen, klicken Sie auf
  löschen Link daneben.
  Bestätigen Sie Ihre Auswahl,
  wenn Sie dazu aufgefordert
  werden.

4. **Verwenden von Filtern für die
   Organisation:**
   - Filter sind besonders nützlich für
     die Organisation Ihres
     Posteingangs, indem sie E-Mails
     von bestimmten Absendern,

beispielsweise Newsletter oder arbeitsbezogene Nachrichten, automatisch sortieren. Sie können Labels anwenden, sie in bestimmte Ordner verschieben oder sogar Benachrichtigungen für wichtige E-Mails einrichten. Dies trägt dazu bei, Unordnung zu vermeiden und Ihren Posteingang organisiert zu halten.

5. **Filter kombinieren:**

   ○ Sie können mehrere Filter erstellen, um verschiedene Arten von E-Mails zu verwalten. Beispielsweise könnten Sie einen Filter haben, der alle Werbe-E-Mails archiviert, und einen anderen, der alle E-Mails Ihres Chefs als wichtig markiert.

Durch den effektiven Einsatz von Filtern können Sie Ihr E-Mail-Management erheblich verbessern und Ihren Arbeitsablauf optimieren.

Nach Anhängen oder bestimmten Kontakten suchen

Die Suche nach E-Mails mit Anhängen oder bestimmten Kontakten kann manchmal schwierig sein, wenn Sie eine große Menge an E-Mails erhalten. So können Sie effektiv nach Anhängen suchen und E-Mails von bestimmten Kontakten finden:

1. **Nach Anhängen suchen:**
   - Geben Sie Folgendes ein, um E-Mails mit Anhängen zu finden: hat:Anhang in die Suchleiste ein. Dadurch werden alle E-Mails angezeigt, die Anhänge enthalten.
   - Wenn Sie nach E-Mails mit bestimmten Anhangstypen suchen, können Sie den Dateityp in Ihre Suche einbeziehen. Zum Beispiel:
     - hat:Dateiname des Anhangs:pdf zeigt E-Mails mit PDF-Anhängen an.
     - has:attachment filename:docx zeigt E-Mails mit

Word-Dokumentanhängen an.

○ Sie können dies mit anderen Suchoperatoren kombinieren, um detailliertere Ergebnisse zu erzielen, z von:john@example.com hat:Anhang.

2. **Suche nach bestimmten Kontakten:**

○ Um E-Mails eines bestimmten Kontakts schnell zu finden, geben Sie dessen Namen oder E-Mail-Adresse in die Suchleiste ein. Zum Beispiel Tippen von:alice@example.com zeigt alle von Alice empfangenen E-Mails an.

○ Wenn Sie E-Mails finden möchten, die Sie an einen bestimmten Kontakt gesendet haben, verwenden Sie die Zu: Betreiber gefolgt von seiner E-Mail-Adresse, z an:bob@example.com.

○ Sie können auch die verwenden CC: oder bcc: Operatoren, um E-Mails zu finden, in denen Sie in an andere gesendete Nachrichten kopiert wurden.

3. **Erweiterte Suchoptionen verwenden:**
   - Wenn Sie einen eher geführten Ansatz bevorzugen, klicken Sie in der Suchleiste auf den Abwärtspfeil, um auf die erweiterten Suchoptionen zuzugreifen. Auf diese Weise können Sie den Absender, den Empfänger, den Betreff, den Datumsbereich und ob die E-Mail Anhänge enthält, angeben. Füllen Sie die entsprechenden Felder aus und klicken Sie **Suchen**.

4. **Suchen speichern:**
   - Genau wie bei Filtern können Sie bestimmte Suchanfragen in Ihrem Browser mit Lesezeichen versehen, um in Zukunft leichter darauf zugreifen zu können. Dies ist besonders nützlich, wenn Sie häufig E-Mails von bestimmten Kontakten

oder mit bestimmten Anhängen suchen müssen.

5. **Verwenden von Suchverknüpfungen:**

   ○ Machen Sie sich vertraut Nutzen Sie die Suchverknüpfungen von Gmail, da Sie damit Zeit sparen können. Beispielsweise können Sie durch Eingabe schnell E-Mails von einer bestimmten Domain finden @domain.com in die Suchleiste ein.

Anhänge und Dateiverwaltung in Gmail

Gmail ist eine effiziente E-Mail-Plattform, die es Benutzern ermöglicht, verschiedene Arten von Anhängen wie Dokumente, Bilder und Videos zu senden und zu empfangen. Die ordnungsgemäße Verwaltung dieser Anhänge ist entscheidend für die Aufrechterhaltung eines organisierten Posteingangs und die Sicherstellung, dass wichtige Dateien leicht zugänglich sind.

Hochladen und Senden von Anhängen

Das Versenden von Anhängen in Gmail ist unkompliziert und kann Ihre Kommunikation verbessern, indem es Ihnen ermöglicht, wichtige Dateien nahtlos zu teilen. Hier ist eine detaillierte Anleitung zum Hochladen und Senden von Anhängen in Gmail:

1. **Verfassen einer E-Mail mit Anhängen:**
    ○ Melden Sie sich zunächst bei Ihrem Gmail-Konto an und klicken Sie auf **Komponieren** Klicken Sie auf die Schaltfläche auf der linken Seite der Benutzeroberfläche, um ein neues E-Mail-Fenster zu öffnen.
    ○ Im neuen E-Mail-Fenster können Sie die E-Mail-Adresse des Empfängers eingeben **Zu** Fügen Sie im Feld einen Betreff hinzu **Thema** Zeile und geben Sie Ihre Nachricht in den Text der E-Mail ein.
2. **Anhänge hinzufügen:**
    ○ Um einen Anhang hinzuzufügen, suchen Sie das Büroklammersymbol (✎) unten im Verfassen-Fenster. Wenn Sie auf

dieses Symbol klicken, wird Ihr
Datei-Explorer geöffnet.

○ Navigieren Sie zu dem Ordner, in
dem sich die Datei befindet, die Sie
anhängen möchten. Wählen Sie die
Datei aus, indem Sie darauf klicken,
und klicken Sie dann **Offen**.
Alternativ können Sie Dateien auch
direkt aus Ihrem Datei-Explorer per
Drag-and-Drop in das
Erstellungsfenster ziehen, was den
Vorgang noch schneller macht.

○ Sie können mehrere Dateien
gleichzeitig anhängen. Halten Sie
einfach die Taste gedrückt **Strg**
(Windows) bzw **Befehl**
(Mac)-Taste, während Sie mehrere
Dateien auswählen, um sie
gleichzeitig anzuhängen.

3. **Größenbeschränkungen für Anhänge:**

○ Beachten Sie, dass in Gmail
Größenbeschränkungen für
Anhänge gelten. Die maximale
Größe für Anhänge beträgt 25 MB

pro E-Mail. Wenn Ihre Datei dieses Limit überschreitet, lädt Gmail sie automatisch auf Google Drive hoch und teilt einen Link in Ihrer E-Mail.

o Wenn Sie größere Dateien senden müssen, sollten Sie diese vor dem Anhängen in ein ZIP-Format komprimieren. Dies kann dazu beitragen, die Dateigröße zu reduzieren.

4. **Senden der E-Mail:**

o Sobald Ihre Anhänge hinzugefügt wurden, überprüfen Sie Ihre E-Mail auf etwaige Fehler. Wenn Sie zufrieden sind, klicken Sie auf **Schicken** Klicken Sie auf die Schaltfläche, um Ihre E-Mail mit den Anhängen zuzustellen.

5. **Anhänge anzeigen:**

o Nachdem Sie eine E-Mail mit Anhängen gesendet haben, sieht der Empfänger die angehängten Dateien am Ende Ihrer Nachricht. Sie können die Dateien

herunterladen, indem Sie auf die
Anhangssymbole klicken.

Anhänge herunterladen und speichern

Der Empfang von Anhängen in Gmail ist üblich,
und für die Verwaltung Ihrer Dateien ist es
wichtig zu wissen, wie man sie effektiv
herunterlädt und speichert. Hier ist eine
Anleitung zum Herunterladen und Speichern von
Anhängen aus Gmail:

1. **Empfangen einer E-Mail mit
   Anhängen:**
   - Wenn Sie eine E-Mail mit
     Anhängen erhalten, sehen Sie die
     Anhangssymbole unterhalb der
     E-Mail-Betreffzeile in Ihrem
     Posteingang oder beim Anzeigen
     der E-Mail.
   - Klicken Sie auf die E-Mail, um sie
     zu öffnen und die Anhänge
     anzuzeigen.

2. **Anhänge herunterladen:**

   ○ Um einen Anhang herunterzuladen,
     bewegen Sie den Mauszeiger über
     das Anhangssymbol. Sie sehen zwei
     Optionen:

     ■ **Herunterladen:** Durch
       Klicken auf das
       Download-Symbol
       (Abwärtspfeil) wird die Datei
       auf Ihrem Computer
       gespeichert. Abhängig von
       Ihren Browsereinstellungen
       wird die Datei
       möglicherweise in Ihrem
       Standard-Download-Ordner
       gespeichert oder Sie werden
       aufgefordert, einen
       Speicherort auszuwählen.

     ■ **Vorschau:** Durch Klicken
       auf das Vorschausymbol
       (Auge) können Sie den
       Anhang öffnen und anzeigen,
       ohne ihn zuerst
       herunterzuladen. Dies ist

nützlich, um den Inhalt der
Datei schnell zu überprüfen.

3. **Anhänge in Google Drive speichern:**

   o Wenn Sie Anhänge lieber direkt auf
   Ihrem Google Drive speichern
   möchten, anstatt sie auf Ihren
   Computer herunterzuladen, können
   Sie dies tun, indem Sie mit der
   Maus über den Anhang fahren und
   auf klicken **Auf Drive speichern**
   Symbol (Google Drive-Symbol).
   Dadurch wird die Datei auf Ihr
   Laufwerk hochgeladen, sodass Sie
   später problemlos darauf zugreifen
   und sie teilen können.

   o Möglicherweise werden Sie
   aufgefordert, einen bestimmten
   Ordner in Ihrem Google Drive zum
   Speichern der Datei auszuwählen.
   Wählen Sie den gewünschten
   Ordner aus und klicken Sie
   Bewegen Sie sich hierher um den
   Vorgang abzuschließen.

4. **Heruntergeladene Dateien organisieren:**

   ○ Nach dem Herunterladen von Anhängen sollten Sie erwägen, diese in Ordnern auf Ihrem Computer zu organisieren, um in Zukunft leichter darauf zugreifen zu können. Erstellen Sie spezielle Ordner für verschiedene Projekte oder Kategorien, um Ihre Dateien zu organisieren.

5. **Heruntergeladene Anhänge finden:**

   ○ Um heruntergeladene Dateien zu finden, öffnen Sie Ihren Datei-Explorer (Windows) oder Finder (Mac) und navigieren Sie zu Ihrem Download-Ordner. Sie können die Suchfunktion auch verwenden, um Dateien nach Namen zu suchen.

Arbeiten mit Google Drive-Anhängen

Gmail lässt sich nahtlos in Google Drive integrieren, sodass Benutzer größere Dateien senden und empfangen können, ohne sich über Größenbeschränkungen für Anhänge Gedanken machen zu müssen. So arbeiten Sie mit Google Drive-Anhängen in Gmail:

1. **Senden von Google Drive-Anhängen:**
   - Anstatt Dateien direkt anzuhängen, können Sie auch in Ihrem Google Drive gespeicherte Dateien teilen. Klicken Sie dazu auf **Google Drive** Symbol (ein Dreieck) unten im Erstellungsfenster.
   - Dadurch wird ein Fenster geöffnet, in dem Ihre Google Drive-Dateien angezeigt werden. Navigieren Sie zu der Datei, die Sie freigeben möchten, und klicken Sie auf das Kontrollkästchen daneben.
   - Klicken Sie auf **Einfügen** Taste. Dadurch wird Ihrer E-Mail ein Link zur Datei hinzugefügt. Wenn der Empfänger keinen Zugriff auf die

Datei hat, werden Sie aufgefordert, die Freigabeeinstellungen anzupassen.

2. **Anpassen der Freigabeeinstellungen:**
   - Wenn Sie eine Datei von Google Drive aus freigeben, können Sie steuern, wer Zugriff hat. Es erscheint ein Dialogfeld, in dem Sie auswählen können, ob Empfänger die Datei anzeigen, kommentieren oder bearbeiten dürfen.
   - Wählen Sie je nach Bedarf die passende Einstellung. Wenn Sie den Empfängern erlauben möchten, das Dokument zu bearbeiten, wählen Sie das aus **Editor** Option.
   - Klicken Sie nach dem Anpassen der Einstellungen auf **Schicken** um die Datei zusammen mit Ihrer E-Mail zu teilen.

3. **Empfangen von Google Drive-Anhängen:**
   - Wenn Sie eine E-Mail mit einem Google Drive-Link erhalten, wird

durch Klicken auf den Link die Datei in einem neuen Tab geöffnet. Wenn Sie über die Berechtigung verfügen, können Sie das Dokument direkt in Google Drive anzeigen oder bearbeiten.

- ○ Wenn Sie die Datei auf Ihrem eigenen Google Drive speichern möchten, klicken Sie auf **Zu Drive hinzufügen** Symbol (ein Pluszeichen) beim Anzeigen der Datei. Dadurch wird eine Kopie des Dokuments in Ihrem Drive gespeichert.

4. **Zusammenarbeit an Google Drive-Dateien:**
   - ○ Die Integration von Gmail mit Google Drive erleichtert auch die Zusammenarbeit. Wenn Sie eine Google Drive-Datei freigeben, können alle Parteien gleichzeitig an dem Dokument arbeiten, was es zu einem hervorragenden Werkzeug für die Teamarbeit macht.

  ○ Nutzen Sie die Kommentar- und
    Chatfunktionen von Google Drive,
    um direkt im Dokument mit
    Kollegen zu kommunizieren.
5. **Verwalten von Google Drive-Dateien:**
  ○ Um Dateien anzuzeigen oder zu
    organisieren, die Sie von Gmail in
    Google Drive gespeichert haben,
    melden Sie sich bei Ihrem Google
    Drive-Konto an. Sie können nach
    Bedarf Ordner erstellen, Dateien
    umbenennen oder Dateien löschen,
    um Ihr Laufwerk organisiert zu
    halten.

Durch die effektive Nutzung von Google Drive
in Verbindung mit Gmail können Sie Ihre
Dateiverwaltungsfunktionen verbessern, die
Zusammenarbeit optimieren und die Freigabe
vereinfachen größer Dateien besser verwaltbar.

Kontakte in Gmail verwalten

Mit den Kontaktverwaltungsfunktionen von Gmail können Sie ganz einfach den Überblick über Ihre wichtigen Kontakte behalten, sei es für private oder berufliche Zwecke. Durch die effektive Verwaltung Ihrer Kontakte können Sie die Kommunikation optimieren und Ihre Networking-Bemühungen organisieren.

Neue Kontakte zu Gmail hinzufügen

Das Erstellen einer umfassenden Kontaktliste ist der erste Schritt zur effektiven Verwaltung Ihrer Kontakte in Gmail. Hier finden Sie eine detaillierte Anleitung zum Hinzufügen neuer Kontakte:

1. **Zugriff auf den Abschnitt „Kontakte":**

    ○ Um einen neuen Kontakt
      hinzuzufügen, melden Sie sich bei
      Ihrem Gmail-Konto an. Suchen Sie
      auf der linken Seite Ihrer
      Gmail-Benutzeroberfläche nach
      Google Apps Symbol (ein Raster
      aus neun Punkten) in der oberen
      rechten Ecke.

    ○ Klicken Sie auf dieses Symbol und
      wählen Sie aus **Kontakte** aus dem
      Dropdown-Menü. Durch diese
      Aktion werden Sie zur
      Google-Kontakte-Seite
      weitergeleitet, wo Sie alle Ihre
      Kontakte verwalten können.

2. **Einen neuen Kontakt hinzufügen:**

    ○ Klicken Sie in der
      Benutzeroberfläche „Kontakte" auf
      Kontakt erstellen Schaltfläche, die
      sich normalerweise in der oberen
      linken Ecke befindet.

    ○ Es erscheint ein Dropdown-Menü,
      in dem Sie die Möglichkeit haben,

ein zu erstellen **Einzelkontakt** oder **Mehrere Kontakte**. Wählen Sie für diesen Leitfaden aus **Einzelkontakt**.

3. **Kontaktinformationen eingeben:**
   ○ Es erscheint ein Formular, in dem Sie die Daten des neuen Kontakts eingeben können. Füllen Sie die folgenden Felder nach Bedarf aus:
      ■ **Vorname** Und **Nachname**
      ■ **E-Mail-Adresse:** Geben Sie die E-Mail-Adresse des Kontakts ein. Wenn Sie mehrere E-Mail-Adressen hinzufügen, klicken Sie auf **Fügen Sie eine weitere E-Mail hinzu.**
      ■ **Telefonnummer:** Sie können auch mehrere Telefonnummern hinzufügen, indem Sie den Typ (Mobil, Privat, Arbeit) auswählen und auf klicken **Fügen Sie ein weiteres Telefon hinzu.**

- ■ **Adresse:** Geben Sie bei Bedarf die physische Adresse des Kontakts ein.
- ■ **Hinweise:** Im Abschnitt „Notizen" können Sie zusätzliche Notizen oder Informationen zum Kontakt hinzufügen.
  - ○ Sie können ein Profilbild auch hochladen, indem Sie auf das Kamerasymbol neben dem Namen des Kontakts klicken.

4. **Kontakt speichern:**
   - ○ Nachdem Sie alle relevanten Informationen eingegeben haben, klicken Sie auf **Speichern** Schaltfläche in der unteren rechten Ecke des Formulars. Ihr neuer Kontakt wird nun zu Ihrer Google-Kontaktliste hinzugefügt.

5. **Kontakte importieren:**
   - ○ Wenn Sie eine Kontaktliste in einem anderen Format (z. B. einer CSV-Datei) gespeichert haben,

können Sie diese in Gmail importieren. Klicken Sie in der Benutzeroberfläche „Kontakte" auf **Import** Option in der linken Seitenleiste und befolgen Sie die Anweisungen zum Hochladen Ihrer Kontaktliste.

Durch das Hinzufügen neuer Kontakte können Sie Ihr Netzwerk einfach verwalten und sicherstellen, dass Sie alle notwendigen Details immer zur Hand haben.

Kontaktgruppen erstellen

Durch das Erstellen von Kontaktgruppen (auch Labels genannt) in Gmail können Sie Ihre Kontakte in bestimmte Kategorien einteilen und so E-Mails einfacher an mehrere Empfänger gleichzeitig senden. So erstellen Sie Kontaktgruppen:

1. **Zugriff auf Kontakte:**

○ Melden Sie sich wie bereits erwähnt bei Gmail an und navigieren Sie zu **Kontakte** Abschnitt über das Google Apps-Symbol.

2. **Erstellen einer neuen Gruppe:**

   ○ Suchen Sie in der Benutzeroberfläche „Kontakte" nach **Etiketten** Abschnitt in der linken Seitenleiste. Klicken Sie auf **Etikett erstellen.**

   ○ Es erscheint ein Dialogfeld, in dem Sie aufgefordert werden, einen Namen für Ihr neues Etikett einzugeben. Geben Sie einen relevanten Namen ein (z. B. „Arbeitskollegen", „Familie", „Freunde" usw.) und klicken Sie **Speichern.**

3. **Kontakte zur Gruppe hinzufügen:**

   ○ Um Kontakte zu Ihrer neu erstellten Gruppe hinzuzufügen, kehren Sie zur Hauptkontaktliste zurück. Suchen Sie die Kontakte, die Sie in die Gruppe aufnehmen möchten, indem Sie entweder durch Ihre Liste scrollen oder die Suchleiste verwenden.

o Wenn Sie einen Kontakt gefunden haben, klicken Sie auf das Kontrollkästchen neben seinem Namen. Um mehrere Kontakte auszuwählen, klicken Sie weiterhin auf die Kontrollkästchen aller relevanten Kontakte.

4. **Kontakte der Gruppe zuweisen:**

o Nachdem Sie die Kontakte ausgewählt haben, klicken Sie auf **Etikett** Symbol (ein Beschriftungssymbol) oben in der Kontaktliste.

o Wählen Sie im Dropdown-Menü die Bezeichnung aus, die Sie zuvor erstellt haben (z. B. „Arbeitskollegen"). Die ausgewählten Kontakte werden nun dieser Gruppe zugeordnet.

5. **Kontaktgruppen in Gmail verwenden:**

- ○ Beim Verfassen einer E-Mail
  können Sie ganz einfach eine
  Nachricht an eine ganze Gruppe
  senden. Im **Zu** Geben Sie einfach
  den Namen des Labels (der Gruppe)
  ein und Gmail schlägt den
  Gruppennamen automatisch vor.
  Wählen Sie es aus und alle
  Kontakte in dieser Gruppe werden
  in die E-Mail aufgenommen.
- ○ Diese Funktion ist besonders
  nützlich, um Aktualisierungen oder
  Einladungen an bestimmte Gruppen
  zu senden, ohne jede
  E-Mail-Adresse einzeln eingeben
  zu müssen.

Indem Sie Ihre Kontakte in Gruppen
organisieren, können Sie Ihre Kommunikation
optimieren und es einfacher machen, mit
mehreren Personen gleichzeitig in Kontakt zu
treten.

Kontakte bearbeiten und löschen

Zur Verwaltung Ihrer Kontakte gehört auch, dass Sie Ihre Liste auf dem neuesten Stand halten, indem Sie vorhandene Kontakte bearbeiten und nicht mehr benötigte Kontakte löschen. So geht's:

1. **Kontakte bearbeiten:**
   - Greifen Sie auf die zu **Kontakte** Abschnitt wie zuvor beschrieben.
   - Suchen Sie den Kontakt, den Sie bearbeiten möchten, indem Sie durch die Liste scrollen oder die Suchfunktion verwenden.
   - Klicken Sie auf den Namen des Kontakts, um dessen Detailseite zu öffnen.
   - Klicken Sie auf **Bearbeiten** Klicken Sie auf die Schaltfläche (ein Stiftsymbol) in der oberen rechten Ecke der Kontaktdaten.
   - Nehmen Sie die erforderlichen Änderungen an den Kontaktinformationen vor, z. B. die

Aktualisierung der E-Mail-Adresse, der Telefonnummer oder das Hinzufügen neuer Details. Sobald Sie Ihre Änderungen vorgenommen haben, klicken Sie auf **Speichern** unten im Formular, um den Kontakt zu aktualisieren.

2. **Kontakte löschen:**

   o Um einen Kontakt zu löschen, navigieren Sie zu **Kontakte** Liste und suchen Sie den Kontakt, den Sie entfernen möchten.

   o Klicken Sie auf den Namen des Kontakts, um dessen Detailseite zu öffnen.

   o Klicken Sie in der oberen rechten Ecke auf **Mehr** Option (drei vertikale Punkte) und wählen Sie **Löschen** aus dem Dropdown-Menü.

   o Es erscheint eine Bestätigungsaufforderung, in der Sie gefragt werden, ob Sie den Kontakt wirklich löschen möchten.

Klicken **Löschen** noch einmal zur Bestätigung. Der Kontakt wird dauerhaft aus Ihrer Google-Kontaktliste entfernt.

3. **Gelöschte Kontakte wiederherstellen:**
   - Wenn Sie einen Kontakt versehentlich löschen, bietet Gmail eine Möglichkeit, ihn innerhalb von 30 Tagen wiederherzustellen. Gehen Sie zurück zu **Kontakte** Abschnitt und suchen Sie nach **Müll** Option in der linken Seitenleiste.
   - Klicken Sie auf **Müll** , um Ihre gelöschten Kontakte anzuzeigen. Hier können Sie die Kontakte auswählen, die Sie wiederherstellen möchten, und auf klicken **Wiederherstellen** Klicken Sie auf die Schaltfläche, um sie zurück zu Ihrer Hauptkontaktliste zu bringen.

4. **Halten Sie Ihre Kontakte auf dem neuesten Stand:**

○ Die regelmäßige Überprüfung und
   Aktualisierung Ihrer Kontaktliste ist
   für ein effektives
   Kontaktmanagement unerlässlich.
   Machen Sie es sich zur
   Gewohnheit, alle paar Monate Ihre
   Kontakte zu überprüfen, um
   sicherzustellen, dass die
   Informationen korrekt sind und dass
   Sie alle veralteten oder irrelevanten
   Kontakte entfernt haben.

Anpassen Ihres Gmail-Kontos

Anpassen Ihr Gmail-Konto verbessert Ihr E-Mail-Erlebnis, indem es die Benutzeroberfläche, die Benachrichtigungen und das Gesamtbild an Ihre Vorlieben anpasst. Durch die Personalisierung fühlt sich Ihr Gmail-Konto nicht nur komfortabler an, sondern verbessert auch die Effizienz bei der E-Mail-Verwaltung.

Ändern von Themen und Erscheinungsbild

Eine der einfachsten Möglichkeiten, Ihr Gmail-Erlebnis zu personalisieren, besteht darin, die Themen und das Erscheinungsbild Ihres Posteingangs zu ändern. So geht's:

1. **Zugreifen auf Theme-Optionen:**
   - ○ Melden Sie sich bei Ihrem Gmail-Konto an.
   - ○ Suchen Sie in der oberen rechten Ecke nach **Einstellungen** Symbol, das wie ein Zahnrad aussieht. Klicken Sie darauf, um das Menü „Schnelleinstellungen" zu öffnen.
   - ○ Oben in diesem Menü sehen Sie einen Abschnitt mit der Bezeichnung **Themen**. Klicken Sie auf **Alle anzeigen** um verfügbare Themen zu erkunden.
2. **Ein Thema auswählen:**
   - ○ Gmail bietet eine Vielzahl von Themen, von einfachen Farbpaletten bis hin zu wunderschönen Bildern. Durchsuchen Sie die verfügbaren Optionen, um ein Thema zu finden, das Sie anspricht.
   - ○ Sie können mit der Maus über jedes Thema fahren, um eine Vorschau zu

sehen, wie es in Ihrem Posteingang aussehen wird.

3. **Anwenden eines Themas:**
   - Wenn Sie ein Thema gefunden haben, das Ihnen gefällt, klicken Sie darauf, um es auszuwählen. Es erscheint eine Vorschau, auf die Sie klicken können **Speichern** um das Design auf Ihr Gmail-Konto anzuwenden.
   - Wenn Sie eine persönlichere Note bevorzugen, können Sie auch ein Hintergrundbild auswählen. Wählen Sie die **Meine Fotos** Option zum Hochladen eines Bildes von Ihren Google Fotos oder Ihrem Gerät. Nachdem Sie das gewünschte Bild ausgewählt haben, passen Sie die Positionierung an und klicken Sie **Wählen**.

4. **Anzeigedichte ändern:**
   - Zusätzlich zu den Themen können Sie auch anpassen, wie E-Mails in Ihrem Posteingang angezeigt

werden. Innerhalb desselben **Schnelleinstellungen** Im Menü werden Optionen für angezeigt **Anzeigedichte**. Wählen Sie zwischen **Standard, Komfortabel,** oder **Kompakt** Ansicht, um anzupassen, wie viele Informationen in Ihrem Posteingang auf einen Blick sichtbar sind.

5. **Anpassen des Layouts:**
   ○ Zur weiteren Anpassung können Sie das Layout Ihres Posteingangs ändern, indem Sie auswählen **Posteingang konfigurieren** im Einstellungsmenü. Mit dieser Funktion können Sie verschiedene Posteingangskategorien wie „Primär", „Soziale Netzwerke", „Werbung", „Updates" und „Foren" aktivieren oder deaktivieren und so mehr Kontrolle darüber haben, wie Ihre E-Mails organisiert und angezeigt werden.

Durch Ändern von Designs und Darstellungseinstellungen können Sie eine optisch ansprechende Gmail-Umgebung erstellen, die Ihren persönlichen Stil widerspiegelt.

Eine Signatur einrichten

Eine Signatur in Gmail verleiht Ihren E-Mails eine professionelle Note, da Sie am Ende Ihrer Nachrichten automatisch wichtige Informationen einfügen können. So richten Sie es ein:

1. **Auf die Signatureinstellungen zugreifen:**
   - Klicken Sie auf **Einstellungen** Symbol (Zahnrad) in der oberen rechten Ecke Ihrer Gmail-Benutzeroberfläche.
   - Wählen Sie im Dropdown-Menü aus **Alle Einstellungen anzeigen** um auf das vollständige Einstellungsmenü zuzugreifen.

2. **Navigieren zum Abschnitt „Signatur":**
   - Klicken Sie im Einstellungsmenü auf **Allgemein** Registerkarte (die Standardregisterkarte).
   - Scrollen Sie nach unten, bis Sie das finden **Unterschrift** Abschnitt. Klicken Sie auf **Neu erstellen** Klicken Sie auf die Schaltfläche, um mit der Erstellung Ihrer Signatur zu beginnen.

3. **Erstellen Sie Ihre Signatur:**
   - Es erscheint ein Dialogfeld, in dem Sie aufgefordert werden, einen Namen für Ihre neue Signatur einzugeben. Wählen Sie einen Namen, der Ihnen hilft, sich daran zu erinnern, um welche Signatur es sich handelt (besonders nützlich, wenn Sie mehrere Signaturen erstellen möchten).
   - Nachdem Sie Ihrer Signatur einen Namen gegeben haben, erscheint ein Textfeld, in dem Sie Ihre

Signatur verfassen können. Sie können Folgendes einschließen:

- Ihr vollständiger Name
- Berufsbezeichnung oder Position
- Name der Firma
- Telefonnummer
- Website- oder Social-Media-Links
- Ein professionelles Logo oder Bild (hochladen durch Klicken auf das Bildsymbol in der Formatierungssymbolleiste)

4. **Formatieren Sie Ihre Signatur:**
   - Verwenden Sie die Formatierungsoptionen in der Symbolleiste, um das Erscheinungsbild Ihrer Signatur anzupassen. Sie können den Schriftstil, die Größe, die Farbe und die Ausrichtung ändern sowie Hyperlinks zu jedem Text oder Bild hinzufügen.

- o Achten Sie darauf, dass Ihre Unterschrift professionell und nicht zu überladen bleibt. Ein einfaches Design mit wichtigen Kontaktinformationen ist oft am effektivsten.

5. **Festlegen der Signatureinstellungen:**
   - o Nachdem Sie Ihre Signatur erstellt haben, können Sie auswählen, wann Sie sie verwenden möchten. In den Signatureinstellungen sehen Sie Optionen zur Auswahl Ihrer Signatur für neue E-Mails und Antworten/Weiterleitungen. Wählen Sie je nach Bedarf für jedes Szenario die passende Signatur.

6. **Änderungen speichern:**
   - o Wenn Sie mit dem Erstellen und Anpassen Ihrer Signatur fertig sind, scrollen Sie zum Ende der Einstellungsseite und klicken Sie auf **Änderungen speichern** um Ihre neue Signatur auf Ihre ausgehenden E-Mails anzuwenden.

Durch die Einrichtung einer professionellen Signatur stellen Sie sicher, dass alle Ihre E-Mails nicht nur persönlich sind, sondern auch wichtige Informationen über Sie enthalten und so Ihre Kommunikation verbessern.

Anpassen der Benachrichtigungseinstellungen

Durch die effektive Verwaltung von Benachrichtigungen behalten Sie den Überblick und vermeiden Unterbrechungen durch E-Mail-Benachrichtigungen. Mit Gmail können Sie anpassen, wie und wann Sie Benachrichtigungen erhalten. So geht's:

1. **Zugreifen auf Benachrichtigungseinstellungen:**
    - Klicken Sie auf **Einstellungen** Symbol (Zahnrad) in der oberen rechten Ecke Ihrer Gmail-Benutzeroberfläche.
    - Wählen Sie im Dropdown-Menü aus **Alle Einstellungen anzeigen**

um auf das vollständige
Einstellungsmenü zuzugreifen.

2. **Navigieren zur Registerkarte
   „Allgemein":**

   ○ Stellen Sie im Einstellungsmenü
   sicher, dass Sie sich im befinden
   Allgemein Tab. Scrollen Sie nach
   unten zum
   Desktop-Benachrichtigungen
   Abschnitt.

3. **Benachrichtigungen aktivieren:**

   ○ Sie finden drei Optionen für
   Benachrichtigungen:

   ■ **Neue
   E-Mail-Benachrichtigungen
   aktiviert**: Erhalten Sie
   Benachrichtigungen für alle
   neu eingehenden E-Mails.

   ■ **Wichtige
   E-Mail-Benachrichtigungen
   an**: Erhalten Sie nur
   Benachrichtigungen für
   E-Mails, die Gmail als
   wichtig eingestuft hat.

- **E-Mail-Benachrichtigungen deaktiviert**: Alle E-Mail-Benachrichtigungen deaktivieren.
  - ○ Wählen Sie die Option, die Ihren Anforderungen am besten entspricht.

4. **Anpassen von E-Mail-Benachrichtigungen:**
   - ○ Wenn Sie Benachrichtigungen aktivieren, können Sie entscheiden, ob Sie bei neuen Nachrichten eine Popup-Benachrichtigung auf Ihrem Desktop erhalten möchten. Dies kann hilfreich sein, wenn Sie häufig eingehende E-Mails verpassen.

5. **Mobile Benachrichtigungen konfigurieren:**
   - ○ Wenn Sie die Gmail-App auf Ihrem Mobilgerät verwenden, können Sie Benachrichtigungen direkt in der App anpassen. Öffnen Sie die App und tippen Sie auf **Speisekarte** Symbol (drei horizontale Linien),

scrollen Sie dann nach unten und
wählen Sie aus **Einstellungen.**

o Wählen Sie das E-Mail-Konto aus,
   das Sie konfigurieren möchten, und
   tippen Sie auf
   Benachrichtigungen. Sie können
   auswählen, ob Sie
   Benachrichtigungen für alle
   E-Mails, nur E-Mails mit hoher
   Priorität oder überhaupt keine
   Benachrichtigungen erhalten
   möchten.

6. **Benachrichtigungen in Ihrem Browser
    ein- oder ausschalten:**

   o Mit Gmail können Sie auch
      Browserbenachrichtigungen
      verwalten. Wenn Sie während der
      Verwendung von Gmail
      Benachrichtigungen auf Ihrem
      Desktop erhalten möchten, stellen
      Sie sicher, dass Ihre
      Browsereinstellungen
      Benachrichtigungen für Gmail
      zulassen. Sie können dies in den

Einstellungen Ihres Browsers unter
überprüfen **Datenschutz und
Sicherheit > Site-Einstellungen >
Benachrichtigungen**.

7. **Häufigkeit der E-Mail-Überprüfung:**

   ○ Wenn Sie die Gmail-App
   verwenden, können Sie auch
   festlegen, wie oft Gmail nach neuen
   E-Mails sucht. Suchen Sie in den
   App-Einstellungen nach **Gmail
   synchronisieren** Option und passen
   Sie die Häufigkeit an (z. B. alle 15
   Minuten, 30 Minuten, stündlich
   oder manuell).

Gmail auf Mobilgeräten

In der heutigen schnelllebigen Welt ist der Zugriff auf Ihre E-Mails von unterwegs unerlässlich. Gmail auf Mobilgeräten bietet die Flexibilität, jederzeit und überall in Verbindung zu bleiben, die Kommunikation zu verwalten und auf wichtige Informationen zuzugreifen.

Gmail auf Android installieren und einrichten

Die Installation von Gmail auf einem Android-Gerät ist ein unkomplizierter Vorgang. Auf den meisten Android-Geräten ist die Gmail-App vorinstalliert. Wenn sie jedoch nicht verfügbar ist oder Sie sie neu installieren müssen, gehen Sie wie folgt vor:

1. **Herunterladen der Gmail-App:**
   - ○ Öffnen Sie die **Google Play Store** auf Ihrem Android-Gerät.
   - ○ Geben Sie in der Suchleiste „Gmail" ein und tippen Sie auf das Suchsymbol.
   - ○ Suchen Sie die offizielle Gmail-App (entwickelt von Google LLC) und tippen Sie auf **Installieren**.
   - ○ Warten Sie, bis die App heruntergeladen und installiert ist. Sobald Sie fertig sind, finden Sie das Gmail-Symbol in Ihrer App-Schublade oder auf dem Startbildschirm.

2. **Gmail einrichten:**
   - ○ Öffnen Sie die Gmail-App, indem Sie auf das entsprechende Symbol tippen.
   - ○ Wenn Sie Gmail zum ersten Mal einrichten, werden Sie aufgefordert, sich anzumelden. Geben Sie Ihre E-Mail-Adresse ein (entweder ein

Gmail-Konto oder eine andere E-Mail-Adresse) und tippen Sie auf **Nächste**.

○ Geben Sie Ihr Passwort ein und tippen Sie auf **Nächste** wieder. Wenn Sie dazu aufgefordert werden, müssen Sie möglicherweise die Nutzungsbedingungen und die Datenschutzrichtlinie akzeptieren.

3. **Kontokonfiguration:**

○ Nach der Anmeldung synchronisiert Gmail Ihre E-Mails automatisch. Sie können Ihre Einstellungen anpassen, z. B. Benachrichtigungseinstellungen und Posteingangslayout, indem Sie auf tippen **Speisekarte** Symbol (drei horizontale Linien) in der oberen linken Ecke und scrollen Sie nach unten zu **Einstellungen**und wählen Sie Ihr E-Mail-Konto aus.

○ Hier können Sie Benachrichtigungen verwalten, die

Signatur ändern und andere kontospezifische Einstellungen anpassen.

4. **Zusätzliche Konten hinzufügen:**

   ○ Wenn Sie ein weiteres E-Mail-Konto (z. B. Yahoo oder Outlook) hinzufügen möchten, gehen Sie zu **Speisekarte** Symbol, scrollen Sie nach unten zu **Einstellungen**und tippen Sie auf **Konto hinzufügen**. Folgen Sie den Anweisungen, um sich anzumelden.

5. **Machen Sie sich mit der Benutzeroberfläche vertraut:**

   ○ Nehmen Sie sich nach der Einrichtung einen Moment Zeit, um die Benutzeroberfläche zu erkunden. Auf dem Hauptbildschirm wird Ihr Posteingang mit den Registerkarten „Primär", „Soziale Netzwerke" und „Werbung" angezeigt, sodass Sie Ihre E-Mails einfacher verwalten können. Sie können auch nach links

oder rechts wischen, um auf
verschiedene Labels oder Ordner
zuzugreifen.

Verwenden von Gmail auf dem iPhone oder iPad

Die Verwendung von Gmail auf iOS-Geräten ist
gleichermaßen benutzerfreundlich, egal ob Sie
ein iPhone oder ein iPad verwenden. So fangen
Sie an:

1. **Herunterladen der Gmail-App:**
   - Öffnen Sie die **App Store** auf
     Ihrem iPhone oder iPad.
   - Tippen Sie auf **Suchen** Klicken Sie
     unten auf die Registerkarte und
     geben Sie „Gmail" in die Suchleiste
     ein.
   - Suchen Sie die offizielle
     Gmail-App von Google LLC und
     tippen Sie auf **Erhalten** um es
     herunterzuladen.

○ Warten Sie, bis die App installiert ist, und tippen Sie dann auf **Offen** oder finden Sie es auf Ihrem Startbildschirm.

2. **Gmail einrichten:**

   ○ Öffnen Sie die Gmail-App. Wenn Sie es zum ersten Mal verwenden, werden Sie aufgefordert, sich anzumelden.

   ○ Geben Sie Ihre E-Mail-Adresse ein und tippen Sie auf **Nächste**.

   ○ Geben Sie Ihr Passwort ein und tippen Sie auf **Nächste** wieder. Akzeptieren Sie die Nutzungsbedingungen und Datenschutzbestimmungen, wenn Sie dazu aufgefordert werden.

   ○ Gmail synchronisiert Ihre E-Mails und Sie können Ihre Einstellungen anschließend anpassen.

3. **Verwendung der Gmail-Schnittstelle:**

   ○ Die Benutzeroberfläche der iOS-App ähnelt der

Android-Version und bietet ein intuitives Layout.

○ Ihr Posteingang wird mit Registerkarten für verschiedene Kategorien wie „Primär", „Soziale Netzwerke" und „Werbung" angezeigt.

○ Sie können auf Ihre Etiketten zugreifen, indem Sie auf tippen **Speisekarte** Symbol in der oberen linken Ecke.

4. **E-Mails verfassen und verwalten:**

○ Um eine neue E-Mail zu verfassen, tippen Sie auf **Komponieren** Klicken Sie auf die Schaltfläche (Bleistiftsymbol) in der unteren rechten Ecke.

○ Geben Sie die E-Mail-Adresse, den Betreff und die Nachricht des Empfängers ein und tippen Sie auf **Schicken** Taste.

○ Benutzen Sie die **Suchen** Klicken Sie oben auf die Leiste, um bestimmte E-Mails zu finden, und tippen Sie auf die E-Mails, um sie zu lesen oder zu beantworten.

5. **Mehrere Konten hinzufügen:**
   o Um ein weiteres E-Mail-Konto hinzuzufügen, tippen Sie auf **Speisekarte** Symbol, gehen Sie zu **Einstellungen**, und wählen Sie **Konto hinzufügen**. Befolgen Sie die Anweisungen, um sich bei Ihren zusätzlichen Konten anzumelden.

Wenn Sie diese Schritte befolgen, können Sie Gmail effektiv auf Ihrem iPhone oder iPad nutzen und so sicherstellen, dass Sie in Verbindung bleiben und Ihre E-Mails verwalten, wo immer Sie sind.

Kontakte und Kalender mit Gmail synchronisieren

Einer der wesentlichen Vorteile der Verwendung von Gmail ist die nahtlose Integration mit Google Kontakte und Google Kalender. Durch

die Synchronisierung Ihrer Kontakte und Ihres
Kalenders stellen Sie sicher, dass Sie von jedem
Gerät aus auf alle wichtigen Informationen
zugreifen können. So richten Sie die
Synchronisierung ein:

1. **Kontakte synchronisieren:**
   - **Auf Android-Geräten:**
     - Gehe zu **Einstellungen** auf
       Ihrem Android-Gerät.
     - Scrollen Sie nach unten und
       tippen Sie auf **Konten** oder
       Benutzer und Konten.
     - Wählen Sie Ihr
       Google-Konto aus (das mit
       Gmail verknüpfte Konto).
     - Stellen Sie sicher, dass
       Kontakte Der Schalter ist
       eingeschaltet. Dadurch
       werden Ihre
       Google-Kontakte mit Ihrem
       Gerät synchronisiert.
   - **Auf iPhone oder iPad:**

- Offen **Einstellungen** und
  scrollen Sie nach unten, um
  es zu finden **Passwörter und
  Konten**.
- Tippen Sie auf **Konto
  hinzufügen** und auswählen
  Google.
- Geben Sie Ihre
  Gmail-E-Mail-Adresse und
  Ihr Passwort ein. Sobald Sie
  angemeldet sind, schalten Sie
  es ein **Kontakte** um die
  Synchronisierung zu
  aktivieren.

2. **Kalender synchronisieren:**
   - **Auf Android-Geräten:**
     - Im selben **Konten** Tippen Sie
       im Einstellungsmenü auf Ihr
       Google-Konto.
     - Stellen Sie sicher, dass die
       Kalender Der Schalter ist
       aktiviert, um Ihren Google
       Kalender mit der

Kalender-App Ihres Geräts zu synchronisieren.

○ **Auf iPhone oder iPad:**

■ Im **Passwörter und Konten** Wählen Sie im Abschnitt „Einstellungen" Ihr Google-Konto aus.

■ Einschalten **Kalender** um Ihren Google Kalender mit Ihrer iOS-Kalender-App zu synchronisieren.

3. **Verwendung von Google-Kontakten und Kalender-Apps:**

○ Alternativ können Sie die herunterladen **Google-Kontakte** Und **Google Kalender** Apps aus dem App Store oder Google Play Store für ein besonderes Erlebnis.

○ Melden Sie sich nach der Installation mit Ihrem Gmail-Konto an, um direkt über diese Apps auf Ihre synchronisierten Kontakte und Kalenderereignisse zuzugreifen.

4. **Verwalten von Kontakten und Kalenderereignissen:**

   ○ Nach der Synchronisierung können Sie Ihre Kontakte und Kalenderereignisse entweder über die Gmail-App oder die entsprechenden Kontakt- und Kalender-Apps auf Ihrem Gerät verwalten.

   ○ Alle an Ihren Kontakten oder Kalenderereignissen vorgenommenen Änderungen werden automatisch auf allen mit Ihrem Gmail-Konto verknüpften Geräten synchronisiert.

Sicherheit und Datenschutz in Gmail

In einer Zeit, in der digitale Kommunikation von entscheidender Bedeutung ist, ist die Gewährleistung der Sicherheit und Privatsphäre Ihres E-Mail-Kontos von größter Bedeutung. Gmail bietet eine Reihe robuster Sicherheitsfunktionen, die Benutzer vor unbefugtem Zugriff, Phishing-Versuchen und anderen potenziellen Bedrohungen schützen sollen.

Aktivieren der Zwei-Faktor-Authentifizierung

Die Zwei-Faktor-Authentifizierung (2FA) fügt Ihrem Gmail-Konto eine zusätzliche Sicherheitsebene hinzu, indem sie nicht nur Ihr Passwort, sondern auch eine zweite Form der Verifizierung erfordert. Dadurch wird es für unbefugte Benutzer erheblich erschwert, Zugriff zu erhalten, selbst wenn sie Ihr Passwort haben.

1. **So aktivieren Sie die Zwei-Faktor-Authentifizierung:**
   - **Melden Sie sich bei Ihrem Google-Konto an:**
     - Gehe zum Anmeldeseite für das Google-Konto.
     - Geben Sie Ihre Gmail-Adresse und Ihr Passwort ein, um sich anzumelden.
   - **Zugriffssicherheitseinstellungen:**
     - Navigieren Sie nach der Anmeldung zu **Sicherheit** Abschnitt in der linken Seitenleiste.

○ **Richten Sie die Bestätigung in zwei Schritten ein:**

  ▪ Unter dem **Bei Google anmelden** Abschnitt, finden **Bestätigung in zwei Schritten** und klicken Sie darauf.

  ▪ Klicken Sie auf **Legen Sie los** Klicken Sie auf die Schaltfläche und befolgen Sie die Anweisungen.

○ **Wählen Sie Ihre Verifizierungsmethode:**

  ▪ Für den zweiten Schritt haben Sie mehrere Möglichkeiten, wie zum Beispiel:

    ▪ **Google-Eingabeauffo rderungen:** Eine an Ihr Mobilgerät gesendete Benachrichtigung mit der Frage, ob Sie versuchen, sich anzumelden.

- **SMS oder Anruf:** Ein Code, der per SMS oder Telefonanruf gesendet wird.

- **Authentifizierungs-App:** Verwenden Sie eine App wie Google Authenticator oder Authy, um einen zeitkritischen Code zu generieren.

- **Backup-Codes:** Generieren Sie Ersatzcodes, die verwendet werden können, wenn Sie nicht auf Ihre primäre Verifizierungsmethode zugreifen können.

○ **Schließen Sie die Einrichtung ab:**

- Nachdem Sie Ihre bevorzugte Methode ausgewählt haben,

befolgen Sie die
Anweisungen, um die
Einrichtung abzuschließen.
Google fordert Sie
möglicherweise auf, einen an
Ihr Gerät gesendeten Code
einzugeben, um zu
bestätigen, dass Sie die
Funktion aktiviert haben.

2. **Vorteile der
Zwei-Faktor-Authentifizierung:**
   - **Erhöhte Sicherheit:** Selbst wenn
     jemand Ihr Passwort stiehlt, kann er
     ohne die zweite Form der
     Verifizierung nicht auf Ihr Konto
     zugreifen.
   - **Flexibilität:** Sie können aus
     mehreren Verifizierungsmethoden
     wählen, die für verschiedene
     Situationen praktisch sind.
   - **Schutz vor Phishing:** 2FA trägt
     zum Schutz vor Phishing-Angriffen
     bei, bei denen Angreifer versuchen,

Sie dazu zu bringen, Ihre
Anmeldedaten preiszugeben.

3. **Verwalten der 2FA-Einstellungen:**
   ○ Sie können dort auch Ihre
   2FA-Einstellungen verwalten
   Sicherheit Abschnitt Ihres
   Google-Kontos. Hier können Sie
   Wiederherstellungsoptionen
   hinzufügen oder entfernen, Ihre
   Geräte überprüfen und bei Bedarf
   sogar 2FA deaktivieren (dies wird
   jedoch nicht empfohlen).

Die Aktivierung der
Zwei-Faktor-Authentifizierung ist ein
entscheidender Schritt zur Sicherung Ihres
Gmail-Kontos und sorgt für Sicherheit vor
unbefugtem Zugriff.

Phishing-Angriffe erkennen und verhindern

Bei Phishing-Angriffen handelt es sich um
betrügerische Versuche, an sensible

Informationen wie Benutzernamen, Passwörter oder Kreditkartennummern zu gelangen, indem man sich als vertrauenswürdige Entität ausgibt. Das Erkennen und Verhindern von Phishing-Versuchen ist für die Aufrechterhaltung der Sicherheit Ihres Gmail-Kontos von entscheidender Bedeutung.

1. **Phishing-E-Mails identifizieren:**
   - **Verdächtige Absenderadressen:** Seien Sie vorsichtig bei E-Mails von unbekannten Adressen oder E-Mails, die legitime Organisationen imitieren, aber leichte Rechtschreibfehler aufweisen.
   - **Allgemeine Grüße:** In Phishing-E-Mails werden häufig allgemeine Anreden wie „Sehr geehrter Kunde" anstelle Ihres Namens verwendet.
   - **Dringende Sprache:** Viele Phishing-Versuche erzeugen ein Gefühl der Dringlichkeit und

drängen Sie zu schnellem Handeln (z. B. „Ihr Konto wird gesperrt, wenn Sie nicht antworten!").

○ **Verdächtige Links:** Bewegen Sie den Mauszeiger über Links, ohne darauf zu klicken, um die tatsächliche URL anzuzeigen. Wenn es ungewöhnlich aussieht oder nicht mit der Domain des Absenders übereinstimmt, klicken Sie nicht darauf.

○ **Anhänge:** Seien Sie vorsichtig bei unerwarteten Anhängen, insbesondere wenn diese Dateierweiterungen wie .exe, .scr oder .zip haben, da diese Malware enthalten könnten.

2. **Phishing-Angriffe verhindern:**

○ **Informieren Sie sich:** Machen Sie sich mit gängigen Phishing-Taktiken vertraut und bleiben Sie über aktuelle Phishing-Betrügereien auf dem Laufenden.

○ **Aktivieren Sie den Spamfilter von Gmail:** Gmail verfügt über ein robustes Spam-Filtersystem, das Phishing-Versuche automatisch erkennt und an Ihren Spam-Ordner sendet.

○ **Klicken Sie nicht auf Links:** Wenn Sie vermuten, dass es sich bei einer E-Mail um einen Phishing-Versuch handelt, klicken Sie nicht auf Links und laden Sie keine Anhänge herunter. Melden Sie stattdessen die E-Mail.

○ **Anfragen überprüfen:** Wenn Sie eine E-Mail erhalten, in der Sie um vertrauliche Informationen gebeten werden, kontaktieren Sie die Organisation direkt über offizielle Kanäle (z. B. deren Website oder Kundendienst), anstatt auf die E-Mail zu antworten.

○ **Halten Sie die Software auf dem neuesten Stand:** Aktualisieren Sie Ihre Geräte und Anwendungen regelmäßig, um sie vor bekannten Schwachstellen zu schützen, die Angreifer ausnutzen könnten.

3. **Phishing-Versuche melden:**
   - Gmail macht es einfach, Phishing-E-Mails zu melden. Öffnen Sie die verdächtige E-Mail, klicken Sie auf die drei vertikalen Punkte in der oberen rechten Ecke und wählen Sie aus **Phishing melden**. Diese Aktion hilft Gmail, seine Filter zu verbessern und andere Benutzer zu schützen.

Indem Sie Phishing-Angriffe erkennen und verhindern, können Sie das Risiko einer Kompromittierung Ihres Gmail-Kontos deutlich reduzieren.

Verwalten von Kontoaktivitäten und Sicherheitswarnungen

Gmail bietet Tools zur Überwachung der Kontoaktivität und zum Empfang von Sicherheitswarnungen, sodass Sie unbefugte Zugriffe erkennen und umgehend reagieren können.

1. **Kontoaktivität prüfen:**
   - **Greifen Sie auf Ihre Kontoaktivität zu:**
     - Scrollen Sie in Ihrem Gmail-Konto zum Ende Ihres Posteingangs und klicken Sie auf **Details** Link neben „Letzte Kontoaktivität". Dadurch wird ein Fenster geöffnet, in dem die letzten 10 Kontozugriffe angezeigt werden, einschließlich Standort, Gerätetyp und Datum/Uhrzeit.
   - **Überprüfen Sie die letzte Aktivität:**
     - Suchen Sie nach ungewöhnlichen Aktivitäten,

wie z. B. Anmeldungen von unbekannten Orten oder Geräten. Wenn Sie etwas Verdächtiges sehen, können Sie auf klicken **Melden Sie alle anderen Websitzungen ab** um sich von allen nicht autorisierten Zugangspunkten abzumelden.

2. **Sicherheitswarnungen einrichten:**
   - **Sicherheitsüberprüfung:**
     - Führen Sie regelmäßig a durch **Sicherheitsüberprüfung** indem Sie die Seite „Google-Kontosicherheit" besuchen. Dieses Tool bietet personalisierte Empfehlungen zur Verbesserung der Sicherheit Ihres Kontos und ermöglicht Ihnen die Überprüfung der mit Ihrem Konto verbundenen Geräte.
   - **Alarmeinstellungen:**

■ Sie können Ihre Benachrichtigungseinstellung en anpassen, indem Sie auf gehen **Sicherheit** Abschnitt Ihres Google-Kontos. Hier können Sie Benachrichtigungen für verdächtige Aktivitäten verwalten, z. B. Anmeldungen von unbekannten Geräten oder Standorten.

3. **Auf Sicherheitswarnungen reagieren:**

   ○ Wenn Sie eine E-Mail oder Benachrichtigung über ungewöhnliche Aktivitäten erhalten, nehmen Sie diese ernst. Google gibt Empfehlungen zur Sicherung Ihres Kontos, z. B. zur Änderung Ihres Passworts oder zur Aktivierung von 2FA.

   ○ Handeln Sie schnell, um Ihr Passwort zu ändern, wenn Sie den Verdacht haben, dass Ihr Konto kompromittiert wurde, und prüfen Sie, ob unbefugte Änderungen an Ihren Einstellungen vorgenommen wurden.

4. **Überprüfung des Zugriffs Dritter:**

   ○ Überprüfen Sie gelegentlich, welche Drittanbieteranwendungen Zugriff auf Ihr Gmail-Konto haben. Gehe zum **Sicherheit** Scrollen Sie im Abschnitt Ihres Google-Kontos nach unten zu **Apps von Drittanbietern mit Kontozugriff**, und entfernen Sie alle Anwendungen, die Sie nicht kennen oder nicht mehr verwenden.

Gmail offline verwenden

Der Zugriff auf E-Mails ohne Internetverbindung kann für Benutzer, die häufig reisen, in Gebieten mit unzuverlässigem Internet arbeiten oder einfach ihren Posteingang unterwegs verwalten möchten, von entscheidender Bedeutung sein. Gmail bietet einen Offline-Modus, mit dem Sie Ihre E-Mails auch dann lesen, beantworten und verwalten können, wenn Sie nicht mit dem Internet verbunden sind.

Offline-Zugriff einrichten

Um Gmail offline nutzen zu können, müssen Sie diese Funktion in Ihren Gmail-Einstellungen aktivieren. Dabei kommt Google Chrome zum Einsatz, da der Offline-Zugriff aufgrund der integrierten Funktionalitäten nur in diesem Browser unterstützt wird.

1. **Anforderungen:**
   - **Browser:** Stellen Sie sicher, dass Sie den Google Chrome-Browser verwenden.
   - **Gmail-Konto:** Sie benötigen ein Gmail-Konto mit ausreichendem Speicherlimit und eine Internetverbindung, um den Offline-Zugriff einzurichten.
2. **Offline-Gmail aktivieren:**
   - **Melden Sie sich bei Gmail an:**
     - Öffnen Sie den Google Chrome-Browser und rufen Sie die Gmail-Website auf. Melden Sie sich mit Ihren Google-Kontodaten an.
   - **Zugriffseinstellungen:**
     - Klicken Sie in der oberen rechten Ecke der

Gmail-Benutzeroberfläche
auf das Zahnradsymbol (✿),
um das Menü
„Einstellungen" zu öffnen.

- **Navigieren Sie zur Registerkarte
„Offline":**
  - Klicken Sie auf **Alle
Einstellungen anzeigen** aus
dem Dropdown-Menü.
  - Navigieren Sie zu **Offline**
Registerkarte im
Einstellungsbereich.
- **Offline-Mail aktivieren:**
  - Aktivieren Sie das
Kontrollkästchen neben
Offline-Mail aktivieren.
- **Wählen Sie
Synchronisierungsoptionen:**
  - Wählen Sie aus, wie viele
Tage E-Mail Sie für die
Offline-Nutzung
synchronisieren möchten. Zu
den Optionen gehören
normalerweise 7, 30 oder alle

E-Mails. Die Auswahl
mehrerer Tage ermöglicht
den Zugriff auf ein größeres
E-Mail-Archiv, beansprucht
jedoch mehr Speicherplatz
auf Ihrem Gerät.

- Entscheiden Sie, ob Sie
  Offlinedaten auf Ihrem
  Computer behalten möchten,
  nachdem Sie sich von Gmail
  abgemeldet haben. Aus
  Sicherheitsgründen wird
  allgemein empfohlen, dies
  nicht zu aktivieren.
- **Änderungen speichern:**
  - Klicken Sie auf **Änderungen
    speichern** Klicken Sie auf
    die Schaltfläche, um Ihre
    Offline-Einstellungen
    abzuschließen.
- **Gmail synchronisieren lassen:**
  - Gmail beginnt nun mit der
    Synchronisierung Ihrer
    ausgewählten E-Mails für

den Offline-Zugriff. Dies
kann je nach
Internetgeschwindigkeit und
Anzahl der
heruntergeladenen E-Mails
einige Zeit dauern.

3. **Überprüfen des Offline-Zugriffs:**
   - Sobald Sie die Einrichtung
     abgeschlossen haben, können Sie
     überprüfen, ob der Offline-Zugriff
     funktioniert, indem Sie Ihre
     Internetverbindung trennen. Öffnen
     Sie Gmail in Chrome und Sie
     sollten weiterhin auf Ihren
     Posteingang zugreifen, E-Mails
     lesen und neue Nachrichten
     verfassen können.

Durch die Aktivierung des Offline-Zugriffs
können Sie Ihr Gmail auch ohne zuverlässige
Internetverbindung effizient verwalten.

E-Mails offline verwalten

Wenn die Offline-Funktion von Gmail aktiviert
ist, können Sie auch ohne Internetverbindung
verschiedene Aktionen mit Ihren E-Mails
durchführen. So verwalten Sie Ihre E-Mails
offline:

1. **E-Mails lesen:**
    - **Zugriff auf Ihren Posteingang:**
        - Öffnen Sie Gmail in Chrome
          und Sie sehen Ihre zuvor
          synchronisierten E-Mails. Sie
          können alle E-Mails lesen,
          die heruntergeladen wurden,
          bevor Sie offline gehen.
    - **E-Mail-Inhalt anzeigen:**
        - Klicken Sie auf eine E-Mail,
          um deren Inhalt anzuzeigen.
          Während Sie die E-Mails
          lesen können, bedenken Sie,
          dass Sie keinen Zugriff auf
          neue E-Mails haben, die
          eingehen, nachdem Sie
          offline gegangen sind.
2. **E-Mails verfassen und versenden:**

- ○ **Neue E-Mails schreiben:**
  - ■ Um eine neue E-Mail zu verfassen, klicken Sie auf **Komponieren** Taste. Es erscheint ein neues E-Mail-Fenster, in dem Sie Ihre Nachricht schreiben, Anhänge hinzufügen und an den Empfänger adressieren können.
- ○ **E-Mails versenden:**
  - ■ Wenn Sie klicken **Schicken**, Ihre E-Mail wird in die Warteschlange gestellt und automatisch gesendet, wenn Ihr Gerät wieder eine Verbindung zum Internet herstellt.
- ○ **E-Mails bearbeiten:**
  - ■ Sie können auch Entwürfe von E-Mails bearbeiten, die Sie zuvor gespeichert haben. Navigieren Sie einfach zu **Entwürfe** Ordner, wählen

Sie eine E-Mail aus und nehmen Sie Ihre Änderungen vor.

3. **Verwalten Ihres Posteingangs:**
   - **E-Mails organisieren:**
     - Sie können Ihren Posteingang organisieren, indem Sie Etiketten anwenden, E-Mails archivieren oder löschen. Diese Aktionen werden in die Warteschlange gestellt und ausgeführt, sobald Sie wieder online sind.
   - **E-Mails markieren:**
     - Sie können E-Mails als gelesen oder ungelesen markieren, wichtige Nachrichten markieren und E-Mails mithilfe von Labels kategorisieren.
   - **Verwenden der Suche:**
     - Die Suchfunktion funktioniert auch für E-Mails, die zuvor

heruntergeladen wurden. Dadurch können Sie bestimmte E-Mails auch offline finden.

Durch die Offline-Verwaltung Ihrer E-Mails bleiben Sie produktiv und können Ihre Kommunikation ohne Unterbrechungen fortsetzen.

E-Mails synchronisieren, sobald sie wieder online sind

Sobald Sie wieder eine Verbindung zum Internet herstellen, synchronisiert Gmail automatisch alle Änderungen, die Sie vorgenommen haben, während Sie offline waren. So funktioniert der Synchronisierungsprozess und was Sie erwartet:

1. **Automatische Synchronisierung:**
   - Wenn Sie wieder eine Verbindung zum Internet herstellen, beginnt Gmail automatisch mit der Synchronisierung. Dazu gehört das

Senden aller E-Mails, die Sie offline verfasst haben, und das Aktualisieren Ihres Posteingangs mit neuen Nachrichten, die während der Trennung eingegangen sind.

2. **Überprüfen des Synchronisierungsstatus:**

   o Sie können den Synchronisierungsstatus überwachen, indem Sie in der oberen rechten Ecke der Gmail-Benutzeroberfläche nach Benachrichtigungen suchen. Gmail zeigt eine Meldung an, die darauf hinweist, dass Ihre E-Mails synchronisiert werden.

3. **Überprüfen synchronisierter E-Mails:**

   o Überprüfen Sie nach Abschluss der Synchronisierung Ihren Posteingang auf neue Nachrichten. Sie können auch überprüfen, ob alle E-Mails, die Sie offline gesendet haben, erfolgreich versendet wurden.

4. **Umgang mit Fehlern:**

   o In einigen Fällen kann es zu
     Synchronisierungsfehlern kommen,
     z. B. zu fehlgeschlagenen
     E-Mail-Zustellungen. Gmail
     benachrichtigt Sie über alle
     aufgetretenen Probleme, sodass Sie
     diese umgehend beheben können.

5. **Offline-Datenverwaltung:**

   o Die Offline-Daten werden auf
     Ihrem Gerät gespeichert und Sie
     können verwalten, wie lange diese
     Daten aufbewahrt werden. Wenn
     Sie Offlinedaten löschen möchten,
     navigieren Sie zu **Offline** Klicken
     Sie in den Einstellungen auf die
     Registerkarte und wählen Sie die
     Option zum Entfernen aus. Dies
     kann zur Wahrung der Privatsphäre
     und Sicherheit beitragen,
     insbesondere auf gemeinsam
     genutzten Geräten.

Gmail mit anderen Google-Diensten integrieren

Gmail ist nicht nur eine E-Mail-Plattform; Es ist ein integraler Bestandteil des umfassenderen Google-Ökosystems. Durch die Integration von Gmail mit anderen Google-Diensten wie Google Kalender, Google Keep und Google Meet können Benutzer ihre Produktivität steigern, die Kommunikation optimieren und Aufgaben effektiv verwalten. In diesem Abschnitt erfahren Sie, wie Sie Gmail mit diesen wichtigen Google-Diensten verbinden und welche Vorteile solche Integrationen bieten.

Gmail mit Google Kalender verbinden

Durch die Integration von Gmail in Google Kalender können Benutzer ihre Zeitpläne und Termine direkt aus ihrem Posteingang verwalten. Diese Verbindung ist besonders nützlich für vielbeschäftigte Berufstätige und alle, die organisiert bleiben möchten.

1. **Kalenderereignisse in Gmail anzeigen:**
   - Wenn Sie eine E-Mail mit Veranstaltungsdetails (z. B. einer Einladung oder einer Besprechungsanfrage) erhalten, hebt Gmail diese Informationen häufig hervor. Sie können Kalenderereignisse direkt in Ihrem Posteingang anzeigen. Wenn die E-Mail eine Einladung enthält, sehen Sie normalerweise eine Option zum Antworten direkt in der E-Mail.

2. **Kalenderereignisse aus Gmail erstellen:**

○ **Schritt 1:** Öffnen Sie die E-Mail, die die Veranstaltungsdetails enthält.

○ **Schritt 2:** Suchen Sie in der E-Mail nach der Schaltfläche oder dem Link „Zum Kalender hinzufügen". Wenn Sie darauf klicken, gelangen Sie zu Google Kalender, wo Sie die Termindetails bestätigen und speichern können.

○ **Schritt 3:** Sie können ein Kalenderereignis auch manuell erstellen, indem Sie in der Gmail-Seitenleiste auf das Symbol „Google Kalender" klicken, die Details (Datum, Uhrzeit, Beschreibung) eingeben und das Ereignis speichern.

3. **Verwenden der Kalender-Seitenleiste:**

○ Gmail verfügt über eine Seitenleiste, in der Google Kalender angezeigt wird. Sie können Ihre bevorstehenden Veranstaltungen anzeigen, ohne Ihren Posteingang zu verlassen. Klicken Sie auf das Kalendersymbol auf der rechten Seite der Gmail-Benutzeroberfläche, um eine Minikalenderansicht zu öffnen. Sie können Ihren Zeitplan schnell überprüfen und sogar neue Ereignisse erstellen.

4. **Erinnerungen einstellen:**
   - Beim Erstellen von Ereignissen in Google Kalender über Gmail können Sie Erinnerungen einrichten, um Benachrichtigungen über bevorstehende Termine zu erhalten. Diese Integration stellt sicher, dass Sie kein wichtiges Meeting oder Ereignis verpassen.

5. **Vorteile der Integration:**
   - Durch die Verbindung von Gmail mit Google Kalender können Benutzer ihre Zeit effizient verwalten, schnell auf Veranstaltungseinladungen reagieren und Besprechungen

nahtlos planen. Dadurch entfällt die
Notwendigkeit, zwischen
Anwendungen zu wechseln, sodass
alles an einem Ort organisiert
bleibt.

Verwendung von Google Keep mit Gmail

Google Keep ist ein Notizdienst, mit dem
Benutzer Ideen festhalten, Listen erstellen und
Erinnerungen erstellen können. Durch die
Integration von Google Keep mit Gmail wird die
Produktivität gesteigert, da Benutzer den
Überblick über Aufgaben und Notizen behalten
können, ohne ihre E-Mail-Oberfläche zu
verlassen.

1. **Notizen aus Gmail erstellen:**
    ○ Mit der Keep-Integration können
       Sie Notizen direkt aus Gmail
       erstellen. So geht's:
    ○ **Schritt 1:** Klicken Sie in der
       rechten Seitenleiste Ihrer

Gmail-Benutzeroberfläche auf das
Symbol „Behalten".

○ **Schritt 2:** Klicken Sie im sich
öffnenden Keep-Fenster auf „Notiz
machen". Sie können Ideen,
Aufgaben oder andere
Informationen aufschreiben, an die
Sie sich erinnern möchten.

○ **Schritt 3:** Nachdem Sie Ihre Notiz
geschrieben haben, können Sie
Beschriftungen, Farben und
Erinnerungen hinzufügen, um alles
organisiert zu halten.

2. **E-Mails als Notizen speichern:**

○ Sie können wichtige E-Mail-Inhalte
als Notiz in Google Keep speichern:

○ **Schritt 1:** Öffnen Sie die E-Mail,
die Sie speichern möchten.

○ **Schritt 2:** Markieren Sie den Text
oder die Informationen, die Sie sich
merken möchten, klicken Sie mit
der rechten Maustaste und wählen
Sie die Option „Zur Notiz
hinzufügen".

○ Dadurch wird der ausgewählte Inhalt als Notiz gespeichert, auf die Sie später über Ihre Keep-App zugreifen können.

3. **Verwenden von Keep-Erinnerungen:**

○ Durch die Integration von Google Keep mit Gmail können Benutzer Erinnerungen für bestimmte Notizen direkt in ihren E-Mails festlegen. Wenn Sie beispielsweise eine E-Mail mit einer Frist erhalten, können Sie in Keep eine Notiz erstellen und eine Erinnerung zur Nachverfolgung einrichten.

4. **Geräteübergreifende Synchronisierung:**

○ Einer der wesentlichen Vorteile von Google Keep ist die Möglichkeit der geräteübergreifenden Synchronisierung. In Gmail erstellte Notizen sind auf Ihrem Mobilgerät oder jeder anderen Plattform, auf der Google Keep verfügbar ist, zugänglich, sodass

Sie jederzeit und überall auf Ihre Ideen zugreifen können.

5. **Vorteile der Integration:**

   ○ Diese Integration ist besonders nützlich für Benutzer, die den Überblick über Aufgaben und Ideen zu bestimmten E-Mails behalten möchten, ohne ihren Posteingang zu überladen. Es trägt zur Rationalisierung von Arbeitsabläufen bei, indem Gedanken und Erinnerungen an einem Ort organisiert werden.

Gmail mit Google Meet integrieren

Google Meet ist eine Videokonferenzplattform, die es Benutzern ermöglicht, über virtuelle Meetings mit anderen in Kontakt zu treten. Durch die Integration von Gmail in Google Meet können Sie Besprechungen direkt über Ihren Posteingang planen und daran teilnehmen.

1. **Planen von Besprechungen:**
   - Wenn Sie eine E-Mail in Gmail verfassen, können Sie ganz einfach eine Google Meet-Sitzung planen:
   - **Schritt 1:** Klicken Sie im Gmail-Erstellungsfenster auf das Symbol „Google Meet". Dadurch wird ein neuer Besprechungslink erstellt.
   - **Schritt 2:** Fügen Sie den Besprechungslink zu Ihrer E-Mail hinzu, indem Sie ihn in den Nachrichtentext einfügen oder die Funktion „Besprechung hinzufügen" verwenden. Empfänger können auf den Link klicken, um zum geplanten Zeitpunkt an der Besprechung teilzunehmen.
2. **An Meetings teilnehmen:**
   - Wenn Sie über Gmail eine Besprechungseinladung erhalten, enthält die E-Mail normalerweise einen Link zur Teilnahme an Google Meet. Klicken Sie einfach

auf den Link und Sie werden zur
Besprechungsseite weitergeleitet.
Stellen Sie sicher, dass Sie die
erforderlichen Berechtigungen und
Einstellungen für einen
reibungslosen Beitritt aktiviert
haben.

3. **Anstehende Besprechungen anzeigen:**
   ○ Durch die Integration mit Google
   Kalender können Sie bevorstehende
   Google Meet-Sitzungen direkt über
   Ihre Gmail-Oberfläche anzeigen.
   Sie können alle geplanten
   Besprechungen in der Seitenleiste
   sehen und mit einem einzigen Klick
   daran teilnehmen.

4. **Verwenden von Meet-Funktionen:**
   ○ Während einer Google
   Meet-Sitzung können Benutzer
   verschiedene Funktionen wie
   Bildschirmfreigabe, Chat und
   Aufzeichnung nutzen. Diese
   Funktionen verbessern die
   Zusammenarbeit und

Kommunikation während Besprechungen und erleichtern den Informationsaustausch und die Zusammenarbeit.

5. **Vorteile der Integration:**

   ○ Durch die Integration von Gmail in Google Meet wird die Planung und Teilnahme an virtuellen Meetings vereinfacht. Es ermöglicht Benutzern, ihre Kommunikations- und Kollaborationstools in einer zusammenhängenden Umgebung zu verwalten und so die Reibung beim Wechseln zwischen Apps zu reduzieren.

Erweiterte Gmail-Funktione n

Während Gmail eine Reihe robuster Grundfunktionen bietet, verfügt es auch über erweiterte Funktionen, die die Produktivität erheblich steigern und die E-Mail-Verwaltung optimieren können. Diese Funktionen – wie zum Beispiel Prioritätseingang, E-Mail-Planung, Rückgängigmachen des Sendens und E-Mail-Schlummerfunktion – ermöglichen es Benutzern, die Kontrolle über ihre Posteingänge zu übernehmen und sicherzustellen, dass sie ihre Zeit effizient nutzen. In diesem Abschnitt wird jede dieser erweiterten Funktionen ausführlich erläutert und ihre Verwendung sowie ihre Vorteile hervorgehoben.

Verwenden des Prioritätsposteingangs von Gmail

Der Priority-Posteingang von Gmail soll Benutzern dabei helfen, ihre E-Mails effektiver zu verwalten, indem er sie automatisch nach Wichtigkeit in verschiedene Kategorien einteilt. Diese Funktion priorisiert Nachrichten und stellt so sicher, dass wichtige E-Mails leicht zugänglich sind, während weniger wichtige E-Mails minimiert werden.

1. **So funktioniert der Priority-Posteingang:**
   - Gmail verwendet Algorithmen zur Analyse eingehender E-Mails und berücksichtigt dabei verschiedene Faktoren wie den Absender, die Häufigkeit der Kommunikation und Schlüsselwörter, um festzustellen,

welche E-Mails für Sie wichtig sind. Es dann kategorisiert E-Mails in drei Abschnitte:

- **Wichtig und ungelesen:** E-Mails, die Gmail für wichtig hält und die Sie noch nicht gelesen haben.
- **Mit dabei:** E-Mails, die Sie durch Hinzufügen eines Sterns als wichtig markiert haben.
- **Alles andere:** E-Mails, die nicht in die oben genannten Kategorien passen.

2. **Prioritätseingang einrichten:**
    - **Schritt 1:** Öffnen Sie Gmail und klicken Sie auf das Zahnradsymbol in der oberen rechten Ecke, um darauf zuzugreifen **Einstellungen**.
    - **Schritt 2:** Unter dem **Posteingang** Registerkarte, auswählen **Priorisierter Posteingang** aus den Optionen „Posteingangstyp".

- ○ **Schritt 3:** Passen Sie die Abschnitte nach Ihren Wünschen an. Sie können Kategorien wie „Markiert" oder „Wichtig" hinzufügen oder entfernen.
- ○ **Schritt 4:** Speichern Sie die Änderungen, um den Prioritätseingang zu aktivieren.

3. **Wichtige E-Mails verwalten:**
   - ○ Sie können E-Mails manuell als wichtig markieren, indem Sie auf die kleine gelbe Markierung neben einer E-Mail klicken. Ebenso können Sie die Markierung einer E-Mail aufheben, wenn Sie der Meinung sind, dass diese nicht unbedingt erforderlich ist. Gmail lernt im Laufe der Zeit aus Ihren Aktionen und verbessert so seine Fähigkeit, E-Mails zu filtern, die für Sie wichtig sind.

4. **Vorteile der Verwendung von Priority Inbox:**

○ Durch den Einsatz von Priority
Inbox können sich Benutzer auf das
Wesentliche konzentrieren, ohne
von weniger wichtigen E-Mails
überhäuft zu werden. Diese
Organisation führt zu einer
verbesserten Produktivität, da Sie
schnell auf wichtige Mitteilungen
zugreifen können, wodurch das
Risiko verringert wird, wichtige
Nachrichten zu verpassen.

E-Mails für später planen

Mit der E-Mail-Planungsfunktion in Gmail
können Benutzer E-Mails verfassen und
festlegen, dass sie zu einem bestimmten
Zeitpunkt in der Zukunft gesendet werden. Diese
Funktion ist besonders nützlich für Fachleute,
die ihre Kommunikation effizient verwalten und
sicherstellen möchten, dass E-Mails die
Empfänger zum günstigsten Zeitpunkt erreichen.

1. **So planen Sie E-Mails:**
   - **Schritt 1:** Verfassen Sie wie gewohnt eine neue E-Mail, indem Sie auf die Schaltfläche „Verfassen" klicken.
   - **Schritt 2:** Nachdem Sie Ihre Nachricht verfasst haben, klicken Sie auf den Pfeil neben der Schaltfläche „Senden".
   - **Schritt 3:** Wählen **Senden planen** aus dem Dropdown-Menü.
   - **Schritt 4:** Wählen Sie aus den verfügbaren Optionen ein Datum und eine Uhrzeit aus oder legen Sie durch Klicken eine benutzerdefinierte Uhrzeit fest **Wählen Sie Datum und Uhrzeit.**
   - **Schritt 5:** Klicken **Senden planen** zu bestätigen. Ihre E-Mail wird bis zum Versand im Ordner „Geplant" gespeichert.
2. **Geplante E-Mails verwalten:**
   - Um Ihre geplanten E-Mails anzuzeigen, klicken Sie auf

Geplant Ordner in der linken Seitenleiste. Hier können Sie alle E-Mails sehen, die zum Senden in der Warteschlange stehen. Wenn Sie Änderungen vornehmen müssen, klicken Sie einfach auf die E-Mail, bearbeiten Sie sie und planen Sie sie neu oder stornieren Sie sie ganz.

3. **Vorteile der E-Mail-Planung:**

   ○ Durch die Planung von E-Mails können Benutzer ihre Kommunikationsstrategie effektiver planen. Beispielsweise können Sie E-Mails außerhalb der Geschäftszeiten verfassen, aber sicherstellen, dass sie während der Geschäftszeiten gesendet werden. Es hilft auch dabei, Empfänger in verschiedenen Zeitzonen zu geeigneten Zeiten zu erreichen und erhöht so die Wahrscheinlichkeit prompter Antworten.

Machen Sie die Snoozing-Funktion für Senden und E-Mail rückgängig

Gmail bietet zwei leistungsstarke Funktionen – „Senden rückgängig machen" und „E-Mail-Snoozing" –, die den Benutzern die Kontrolle über ihre E-Mail-Interaktionen verbessern.

1. **Senden rückgängig machen:**
   - Mit der Funktion „Senden rückgängig machen" können Benutzer eine E-Mail innerhalb eines kurzen Zeitfensters zurückziehen, nachdem sie auf „Senden" geklickt haben. Diese Funktion ist hilfreich, um Fehler zu korrigieren oder eine Nachricht zu überdenken.
   - **So verwenden Sie „Senden rückgängig machen":**
     - **Schritt 1:** Aktivieren Sie die Funktion, indem Sie zu gehen **Einstellungen** und klicken Sie auf **Allgemein** Tab.

- **Schritt 2:** Finden Sie die **Senden rückgängig machen** Option und wählen Sie eine Stornierungsfrist (5, 10, 20 oder 30 Sekunden).
- **Schritt 3:** Klicken **Änderungen speichern** am Ende der Seite.
- Nach dem Senden einer E-Mail erscheint eine Popup-Benachrichtigung, in der Sie innerhalb des ausgewählten Zeitraums auf „Rückgängig" klicken können.

2. **E-Mail-Snoozing:**
   - Durch das E-Mail-Snoozing können Benutzer eine E-Mail vorübergehend aus ihrem Posteingang entfernen und sie bis zu einem bestimmten Zeitpunkt an einen „Snoozed"-Ordner senden. Diese Funktion hilft dabei, Aufgaben zu priorisieren und

Folgemaßnahmen effektiv zu
verwalten.

- ○ **So sperren Sie eine E-Mail:**
  - ■ **Schritt 1:** Bewegen Sie den
    Mauszeiger über die E-Mail,
    die Sie in Ihrem Posteingang
    zurückstellen möchten.
  - ■ **Schritt 2:** Klicken Sie auf
    das angezeigte Uhrensymbol
    (das **Schlummern** Option).
  - ■ **Schritt 3:** Wählen Sie aus
    den verfügbaren Optionen
    eine Schlummerdauer aus (z.
    B. später heute, morgen,
    nächste Woche) oder legen
    Sie ein benutzerdefiniertes
    Datum und eine
    benutzerdefinierte Uhrzeit
    fest.
  - ■ **Schritt 4:** Die E-Mail
    verschwindet aus Ihrem
    Posteingang und erscheint
    zum geplanten Zeitpunkt
    wieder.

3. **Vorteile von „Senden rückgängig machen" und „Schlummern":**

   ○ Die Funktion „Senden rückgängig machen" bietet Benutzern Sicherheit und ermöglicht es Benutzern, impulsive Versendungen zu korrigieren. Unterdessen ermöglicht das E-Mail-Snoozing ein besseres Zeitmanagement und sorgt dafür, dass wichtige E-Mails nicht im Chaos untergehen. Indem diese Funktionen es Benutzern ermöglichen, sich auf unmittelbare Aufgaben zu konzentrieren und andere aufzuschieben, tragen sie zu einem besser organisierten und effizienteren E-Mail-Erlebnis bei.

Beheben häufiger Probleme

Trotz des intuitiven Designs und der benutzerfreundlichen Funktionen von Gmail können Benutzer gelegentlich auf häufige Probleme stoßen, die ihr E-Mail-Erlebnis beeinträchtigen können. Wenn Sie wissen, wie Sie diese Probleme beheben können – etwa das Wiederherstellen vergessener Passwörter, das Beheben von Synchronisierungsproblemen auf Mobilgeräten und den Umgang mit Zustellungsfehlern und Bounce-Backs –, können Sie Zeit sparen und einen reibungslosen E-Mail-Kommunikationsprozess gewährleisten.

Wiederherstellen vergessener Passwörter

Das Vergessen Ihres Gmail-Passworts kann frustrierend sein, aber mit den Passwortwiederherstellungsoptionen von Google können Sie problemlos wieder auf Ihr Konto zugreifen.

1. **Starten des Passwortwiederherstellungsprozesses:**
   - **Schritt 1:** Navigieren Sie zur Gmail-Anmeldeseite. Geben Sie Ihre E-Mail-Adresse ein und klicken Sie **Nächste**.
   - **Schritt 2:** Klicken Sie auf dem Passworteingabebildschirm auf den Link mit der Aufschrift **Passwort vergessen?**.
   - **Schritt 3:** Befolgen Sie die Anweisungen auf dem Bildschirm. Google stellt Ihnen eine Reihe von Fragen, um Ihre Identität zu überprüfen. Dies kann die Beantwortung einer Sicherheitsfrage, die Eingabe eines Bestätigungscodes, der an Ihre

Wiederherstellungs-E-Mail-Adresse
oder Telefonnummer gesendet wird,
oder die Bestätigung anderer
Kontodetails umfassen.

2. **Auswahl einer
Wiederherstellungsmethode:**

   ○ **Verifizierung per
   Wiederherstellungs-E-Mail/Telefo
   n:** Wenn Sie eine
   Wiederherstellungs-E-Mail-Adresse
   oder Telefonnummer eingerichtet
   haben, erhalten Sie einen Code, den
   Sie zur Überprüfung Ihrer Identität
   eingeben können.

   ○ **Sicherheitsfragen:** Wenn Sie sich
   bei der Einrichtung Ihres Kontos für
   Sicherheitsfragen entschieden
   haben, beantworten Sie diese
   korrekt, um fortzufahren.

   ○ **Alternative Methoden:** Wenn Sie
   keinen Zugriff auf die
   Wiederherstellungsoptionen haben,
   klicken Sie auf **Versuchen Sie es
   anders**. Dies kann zusätzliche

Wiederherstellungsmethoden erfordern, z. B. die Verwendung einer anderen E-Mail-Adresse, die mit Ihrem Google-Konto verknüpft ist.

3. **Erstellen eines neuen Passworts:**
   ○ Sobald Ihre Identität überprüft wurde, werden Sie aufgefordert, ein neues Passwort zu erstellen. Wählen Sie ein sicheres Passwort, das eine Mischung aus Groß- und Kleinbuchstaben, Zahlen und Symbolen enthält, um die Sicherheit zu erhöhen.
   ○ Klicken Sie nach Eingabe des neuen Passworts auf **Nächste**. Möglicherweise werden Sie aufgefordert, sich erneut anzumelden, um die Passwortänderung zu bestätigen.

4. **Tipps zur Passwortverwaltung:**
   ○ Erwägen Sie die Verwendung eines Passwort-Managers, um Ihre

Passwörter sicher im Auge zu
behalten.

○ Aktivieren Sie für zusätzliche
Sicherheit die
Zwei-Faktor-Authentifizierung
(2FA), die nicht nur Ihr Passwort,
sondern auch einen an Ihr Telefon
oder eine Authentifizierungs-App
gesendeten Code erfordert.

5. **Abschluss:**

○ Wenn Sie diese Schritte befolgen,
können Sie Ihr vergessenes
Gmail-Passwort effizient
wiederherstellen und wieder Zugriff
auf Ihr Konto erhalten. Wenn Sie
sicherstellen, dass Sie über
aktualisierte
Wiederherstellungsoptionen
verfügen, können Sie zukünftige
Zugriffsprobleme verhindern.

**Beheben von Synchronisierungsproblemen
auf Mobilgeräten**

Mobile Geräte bieten eine bequeme Möglichkeit, auf Gmail zuzugreifen. Bei Benutzern kann es jedoch gelegentlich zu Synchronisierungsproblemen kommen, die die ordnungsgemäße Aktualisierung von E-Mails verhindern. Hier finden Sie Schritte zur Behebung dieser Probleme auf Android- und iOS-Geräten.

1. **Internetverbindung prüfen:**
   o Stellen Sie sicher, dass Ihr Gerät mit dem Internet verbunden ist, entweder über WLAN oder Mobilfunkdaten. Sie können die Verbindung testen, indem Sie einen Webbrowser oder eine andere App öffnen, die einen Internetzugang erfordert.

2. **Aktualisieren der Gmail-App:**
   o **Schritt 1:** Öffnen Sie die Gmail-App auf Ihrem Gerät.
   o **Schritt 2:** Wischen Sie im Posteingang nach unten, um ihn zu aktualisieren. Durch diese Aktion

wird die App aufgefordert, nach neuen E-Mails zu suchen und diese mit dem Server zu synchronisieren.

3. **Anpassen der Synchronisierungseinstellungen:**
   - **Android:**
     - **Schritt 1:** Öffnen Sie die **Einstellungen** App und scrollen Sie nach unten, um zu finden **Konten** oder **Benutzer und Konten**.
     - **Schritt 2:** Tippen Sie auf **Google**, und wählen Sie dann Ihr Gmail-Konto aus.
     - **Schritt 3:** Stellen Sie sicher, dass **Gmail synchronisieren** ist aktiviert. Wenn es ausgeschaltet ist, schalten Sie es ein.
   - **iOS:**
     - **Schritt 1:** Öffnen Sie die **Einstellungen** App und scrollen Sie nach unten zu **Post**.

- **Schritt 2:** Tippen Sie auf **Konten**, und wählen Sie dann Ihr Gmail-Konto aus.
- **Schritt 3:** Stellen Sie sicher, dass **Post** ist eingeschaltet. Sie können auch die überprüfen **Neue Daten abrufen** Einstellungen, um sicherzustellen, dass es eingestellt ist **Drücken** oder in einem geeigneten Abrufintervall.

4. **App-Cache leeren (nur Android):**
   - **Schritt 1:** Gehe zum **Einstellungen** App und wählen Sie **Apps**.
   - **Schritt 2:** Suchen und tippen Sie darauf **Google Mail** App.
   - **Schritt 3:** Tippen Sie auf **Lagerung**, dann auswählen **Cache leeren**. Durch diese Aktion werden temporäre Dateien entfernt, die möglicherweise Probleme verursachen, ohne dass Ihre E-Mails gelöscht werden.

5. **Neuinstallation der Gmail-App:**

   o Wenn die
     Synchronisierungsprobleme
     weiterhin bestehen, sollten Sie die
     Gmail-App deinstallieren und
     anschließend neu installieren.
     Dadurch können alle Fehler oder
     Störungen behoben werden, die sich
     auf die Leistung der App
     auswirken.

6. **Geräteneustart:**

   o Manchmal kann ein einfacher
     Neustart Ihres Geräts
     Synchronisierungsprobleme
     beheben, da dadurch
     Systemressourcen und
     Verbindungen aktualisiert werden.

Umgang mit Lieferfehlern und Rücksendungen

Beim Versenden von E-Mails können Zustellungsfehler und Bounce-Back-Nachrichten auftreten, die darauf hinweisen, dass der Empfänger die Nachricht nicht erhalten hat. Für eine effektive Kommunikation ist es von entscheidender Bedeutung, zu verstehen, wie diese Fehler zu interpretieren und zu beheben sind.

1. **Bounce-Back-Nachrichten verstehen:**
   o Wenn eine E-Mail nicht zugestellt werden kann, erhalten Sie möglicherweise eine Bounceback-Nachricht mit Details

zum Fehler. Zu den gängigen Arten von Bounce-Back-Nachrichten gehören:

- **Ungültige E-Mail-Adresse:** Dies weist darauf hin, dass die von Ihnen eingegebene E-Mail-Adresse nicht existiert. Überprüfen Sie die Rechtschreibung noch einmal auf Fehler oder Tippfehler.

- **Postfach voll:** Wenn der Posteingang des Empfängers voll ist, kann er keine neuen Nachrichten empfangen. Erwägen Sie in diesem Fall, sie auf einem anderen Weg zu kontaktieren, um sie darüber zu informieren.

- **Blockierter Absender:** Möglicherweise hat der Empfänger Ihre E-Mail-Adresse oder Domain blockiert. Sie können beim

Empfänger nachfragen, ob
dies nicht der Fall ist.

2. **Fehlerbehebung bei Lieferfehlern:**
   o **Schritt 1:** Sehen Sie sich die
     Bounce-Back-Nachricht sorgfältig
     an, um den Grund für den Fehler zu
     verstehen.
   o **Schritt 2:** Wenn es sich um eine
     ungültige E-Mail-Adresse handelt,
     überprüfen Sie die Adresse beim
     Empfänger.
   o **Schritt 3:** Wenn das Postfach voll
     ist, warten Sie eine Weile, bevor Sie
     Ihre E-Mail erneut senden.
   o **Schritt 4:** Wenn Sie den Verdacht
     haben, dass Sie blockiert wurden,
     sollten Sie zur Bestätigung über
     einen anderen Kanal Kontakt
     aufnehmen.

3. **E-Mail-Einstellungen prüfen:**
   o Stellen Sie sicher, dass Sie in Ihren
     Einstellungen die Adresse des
     Empfängers nicht versehentlich als
     Spam markiert haben. Wenn ja,

heben Sie die Markierung auf, damit künftige E-Mails zugestellt werden können.

4. **Überprüfen der Anhangsgrößen:**

   o Wenn Ihre E-Mail große Anhänge enthält, überschreitet sie möglicherweise die von Gmail oder dem E-Mail-Anbieter des Empfängers festgelegten Größenbeschränkungen. Versuchen Sie, Dateien zu komprimieren oder Google Drive zum Teilen zu verwenden größer Dateien stattdessen.

Gmail-Verknüpfu ngen und Tipps für die Produktivität

Gmail ist nicht nur eine leistungsstarke E-Mail-Plattform; Es ist außerdem mit verschiedenen Verknüpfungen und Produktivitätstipps ausgestattet, die Benutzern helfen können, ihre E-Mails effizienter zu verwalten. In diesem Kapitel werden Tastaturkürzel für eine schnellere Navigation, Gmail-Hacks zur Verbesserung der Effizienz sowie zeitsparende Tools und Add-ons untersucht, die Ihr E-Mail-Erlebnis insgesamt verbessern können.

Tastaturkürzel für eine schnellere Navigation

Tastaturkürzel sind eine großartige Möglichkeit, Ihren Gmail-Workflow zu beschleunigen. Anstatt sich beim Navigieren durch Ihren Posteingang ausschließlich auf die Maus zu verlassen, können Sie verschiedene Tastaturkombinationen verwenden, um häufige Aufgaben schnell auszuführen.

1. **Tastaturkürzel aktivieren:**
   - Um Tastaturkürzel in Gmail verwenden zu können, müssen Sie sicherstellen, dass diese aktiviert sind.
   - **Schritt 1:** Klicken Sie auf das Zahnradsymbol in der oberen rechten Ecke, um darauf zuzugreifen **Einstellungen**.
   - **Schritt 2:** Im **Allgemein** Scrollen Sie auf der Registerkarte nach unten zu **Tastaturkürzel** Abschnitt und

wählen Sie **Tastaturkürzel
aktiviert**.

- ○ **Schritt 3**: Klicken **Änderungen
  speichern** am Ende der Seite.

2. **Gängige Tastaturkürzel:**
   - ○ **Navigieren im Posteingang:**
     - ■ G Dann ICH: Gehen Sie zum
       Posteingang
     - ■ G Dann S: Gehen Sie zu
       Markierte E-Mails
     - ■ G Dann D: Gehen Sie zu
       Entwürfen
   - ○ **E-Mails verfassen und versenden:**
     - ■ C: Eine neue E-Mail
       verfassen
     - ■ Strg + Eingeben: Senden Sie
       eine E-Mail
   - ○ **E-Mails verwalten:**
     - ■ UND: Ausgewählte E-Mails
       archivieren
     - ■ Schicht + 3: Ausgewählte
       E-Mails in den Papierkorb
       werfen
     - ■ !: Spam melden

- ○ **Navigieren zwischen E-Mails:**
  - ■ K: Zur neueren E-Mail wechseln
  - ■ J: Zur älteren E-Mail wechseln
  - ■ DER oder Eingeben: Öffnen Sie die ausgewählte E-Mail
- ○ **Suche:**
  - ■ /: Platzieren Sie den Cursor im Suchfeld, um schnell zu suchen
- ○ **Allgemeine Maßnahmen:**
  - ■ Schicht + IN: Eine E-Mail als ungelesen markieren
  - ■ Schicht + A: Antwort an alle Empfänger

3. **Anpassen von Verknüpfungen:**
   - ○ Benutzer können auch benutzerdefinierte Verknüpfungen mithilfe von Browsererweiterungen oder Anwendungen von Drittanbietern erstellen. Dies kann den Arbeitsablauf basierend auf

persönlichen Vorlieben weiter
optimieren.

4. **Abschluss:**

   o Nutzen Tastaturkürzel in Gmail
     können die Produktivität erheblich
     steigern, indem sie den Zeitaufwand
     für die Navigation durch Menüs
     und die Ausführung von
     Routineaufgaben reduzieren. Durch
     regelmäßiges Üben können sich
     Benutzer diese Verknüpfungen
     besser merken und so die
     E-Mail-Verwaltung effizienter
     gestalten.

Gmail-Hacks für mehr Effizienz

Zusätzlich zu den Tastaturkürzeln können
mehrere Gmail-Hacks die Produktivität steigern
und Ihren E-Mail-Verwaltungsprozess
optimieren.

1. **Verwenden Sie Etiketten mit Bedacht:**

○ Mithilfe von Labels können
E-Mails kategorisiert und leichter
gefunden werden. Erstellen Sie
benutzerdefinierte Labels für
Projekte, Kunden oder Themen und
wenden Sie diese auf relevante
E-Mails an. Verwenden Sie die
Suchleiste, um schnell nach Label
zu filtern.

2. **E-Mails planen:**

○ Mit Gmail können Benutzer den
Versand von E-Mails zu einem
späteren Zeitpunkt planen. Diese
Funktion ist praktisch, um die
Kommunikation über verschiedene
Zeitzonen hinweg zu verwalten
oder im Voraus zu planen.

○ **Schritt 1:** Verfassen Sie Ihre
E-Mail.

○ **Schritt 2:** Anstatt zu klicken
Schicken, klicken Sie auf den
Dropdown-Pfeil neben **Schicken**
Taste.

- ○ **Schritt 3:** Wählen **Senden planen,** wählen Sie ein Datum und eine Uhrzeit aus und klicken Sie auf **Senden planen.**

3. **Snooze-E-Mails:**
   - ○ Wenn eine E-Mail Ihre Aufmerksamkeit erfordert, Sie sie aber nicht sofort bearbeiten können, nutzen Sie die Schlummerfunktion. Dadurch wird die E-Mail vorübergehend aus Ihrem Posteingang entfernt und zu einem späteren Zeitpunkt wiederhergestellt.
   - ○ **Schritt 1:** Bewegen Sie den Mauszeiger über die E-Mail in Ihrem Posteingang und klicken Sie auf das Uhrensymbol.
   - ○ **Schritt 2:** Wählen Sie eine Schlummerdauer oder legen Sie eine benutzerdefinierte Zeit fest.

4. **Filter erstellen:**
   - ○ Filter organisieren eingehende E-Mails automatisch nach

festgelegten Kriterien. Dies spart
Zeit durch die Kategorisierung und
Kennzeichnung von E-Mails ohne
manuellen Aufwand.

- o **Schritt 1:** Klicken Sie in Gmail auf
  das Zahnradsymbol und wählen Sie
  aus **Alle Einstellungen anzeigen**.
- o **Schritt 2:** Gehe zum **Filter und
  blockierte Adressen** Tab und
  klicken Sie **Erstellen Sie einen
  neuen Filter**.
- o **Schritt 3:** Geben Sie Filterkriterien
  ein (wie Absender, Betreff usw.)
  und klicken Sie auf **Filter
  erstellen**und wählen Sie Aktionen
  aus (z. B. Anwenden einer
  Bezeichnung, Archivieren usw.).

5. **Verwendung der Funktion
   „Vorgefertigte Antworten":**
   - o Mit vorgefertigten Antworten
     können Sie häufig verwendete
     E-Mail-Vorlagen speichern und
     wiederverwenden und so Zeit bei

sich wiederholenden Aufgaben sparen.

- ○ **Schritt 1:** Gehen Sie in den Gmail-Einstellungen zu **Fortschrittlich** Klicken Sie auf die Registerkarte und aktivieren Sie sie **Vorgefertigte Antworten.**
- ○ **Schritt 2:** Verfassen Sie eine neue E-Mail, klicken Sie auf die drei Punkte in der unteren rechten Ecke und wählen Sie aus **Vorgefertigte Antworten** um Vorlagen zu speichern oder einzufügen.

6. **Tastaturkürzel für häufige Aufgaben:**

- ○ Kombinieren Sie Tastaturkürzel mit diesen Hacks für einen noch effizienteren E-Mail-Workflow. Verwenden Sie zum Beispiel C um dann eine E-Mail zu verfassen Umschalt + T um es direkt an ein bestimmtes Label zu senden.

7. **Abschluss:**

- ○ Die Implementierung dieser Gmail-Hacks kann die Effizienz und Organisation erheblich verbessern. Durch die Automatisierung von Aufgaben, die Reduzierung von Unordnung und die Optimierung der Kommunikation können Benutzer ihren E-Mail-Workflow besser verwalten.

Zeitsparende Gmail-Tools und Add-ons

Die Funktionalität von Gmail kann durch verschiedene Tools und Add-ons erweitert werden, die darauf ausgelegt sind, Zeit zu sparen und die Produktivität zu steigern.

1. **Google Workspace-Add-ons:**
   - Gmail unterstützt eine Vielzahl von Add-ons von Drittanbietern, die sich direkt in die E-Mail-Schnittstelle integrieren lassen. Diese Add-ons können beim Projektmanagement, CRM-Tools

und mehr helfen. Um darauf
zuzugreifen:

○ **Schritt 1:** Öffnen Sie Gmail und
klicken Sie auf + Symbol in der
rechten Seitenleiste.

○ **Schritt 2:** Durchsuchen Sie die zur
Installation verfügbaren Add-ons
und befolgen Sie die Anweisungen,
um Ihre bevorzugten Tools
hinzuzufügen.

2. **Integration der Aufgabenverwaltung:**

○ Gmail lässt sich nahtlos in Google
Tasks integrieren, sodass Benutzer
Aufgabenlisten direkt aus ihren
E-Mails erstellen können. Sie
können E-Mails mit wenigen Klicks
in Aufgaben umwandeln und so
sicherstellen, dass wichtige E-Mails
nicht im Posteingang verloren
gehen.

3. **E-Mail-Tracking-Tools:**

○ Tools wie Boomerang und
Mailtrack können dabei helfen,
E-Mail-Öffnungen und Link-Klicks

zu verfolgen. Diese Funktion ist nützlich für Vertriebsprofis und diejenigen, die wichtige Mitteilungen nachverfolgen müssen. Diese Tools können auch Planungs- und Erinnerungsfunktionen ermöglichen.

4. **Gmail offline:**

   o Durch die Offline-Aktivierung von Gmail können Sie E-Mails ohne Internetverbindung lesen, beantworten und organisieren. Diese Funktion ist besonders nützlich für Benutzer, die viel unterwegs sind. So aktivieren Sie den Offline-Zugriff:

   o **Schritt 1:** Klicken Sie auf das Zahnradsymbol und wählen Sie aus **Alle Einstellungen anzeigen**.

   o **Schritt 2:** Gehe zum **Offline** Tab und überprüfen Sie **Offline-Mail aktivieren**.

○ **Schritt 3:** Passen Sie Ihre Offline-Einstellungen an und klicken Sie **Änderungen speichern**.

5. **Browsererweiterungen:**
   ○ Zahlreiche Browsererweiterungen können die Funktionalität von Gmail verbessern, wie zum Beispiel:
      - **Grammatik:** Hilft bei Grammatik- und Rechtschreibkorrekturen beim Verfassen von E-Mails.
      - **Todoist:** Ein Task-Manager, der sich in Gmail integrieren lässt, um Aufgabenlisten zu organisieren.
      - **Boomerang:** Ermöglicht E-Mail-Planung und Folgeerinnerungen.

6. **Verwendung von Google Kalender:**
   ○ Integrieren Sie Google Kalender mit Gmail, um Besprechungen direkt aus Ihren E-Mails zu planen.

Wenn Sie eine E-Mail mit einem
Terminvorschlag erhalten, können
Sie ganz einfach einen
Kalendertermin erstellen, indem Sie
in der E-Mail auf die Optionen
„Mehr" klicken.

7. **Abschluss:**

   ○ Die Nutzung dieser zeitsparenden
   Tools und Add-ons kann Ihr
   Gmail-Erlebnis verändern und die
   Produktivität und Effizienz steigern.
   Benutzer können ihre
   Gmail-Einrichtung an ihre
   Arbeitsabläufe anpassen und so die
   E-Mail-Verwaltung nahtlos und
   effektiv gestalten.

Sichern und Exportieren Ihrer Gmail-Daten

Das Sichern und Exportieren Ihrer Gmail-Daten ist von entscheidender Bedeutung, um sicherzustellen, dass wichtige E-Mails und Kontakte im Falle einer versehentlichen Löschung, eines Datenverlusts oder der Notwendigkeit einer Migration auf ein neues Konto erhalten bleiben. Google bietet integrierte Tools, mit denen Sie Ihre Gmail-Daten einfach sichern können, darunter Google Takeout, mit dem Sie eine Kopie Ihrer E-Mails, Kontakte und

anderer Google-Dienstdaten herunterladen
können.

So sichern Sie Gmail mit Google Takeout

Google Takeout ist ein kostenloser Dienst, mit
dem Sie Ihre Daten aus verschiedenen
Google-Diensten, einschließlich Gmail,
exportieren können. Hier ist eine
Schritt-für-Schritt-Anleitung, wie Sie Google
Takeout zum Sichern Ihrer Gmail-Daten
verwenden:

1. **Greifen Sie auf Google Takeout zu:**
   - Öffnen Sie Ihren Webbrowser und
     rufen Sie die Google Takeout-Seite
     auf takeout.google.com.
   - Stellen Sie sicher, dass Sie bei dem
     Google-Konto angemeldet sind, das
     mit dem Gmail-Konto verknüpft ist,
     das Sie sichern möchten.
2. **Wählen Sie die zu exportierenden
   Daten aus:**

o Auf der Google Takeout-Startseite sehen Sie eine Liste der Google-Dienste mit Kontrollkästchen daneben.

o Scrollen Sie nach unten, um zu finden **Post**. Standardmäßig sind alle Google-Dienste ausgewählt. Klicken Sie auf **Alle abwählen** oben auf der Seite.

o Scrollen Sie nach dem Abwählen aller Elemente nach unten und aktivieren Sie das Kontrollkästchen neben **Post**.

o Klicken Sie auf **Alle Mail-Daten enthalten** Klicken Sie auf die Schaltfläche, um bestimmte Daten zum Sichern auszuwählen (z. B. alle E-Mails einschließen, bestimmte Labels ausschließen usw.).

o Im Popup-Fenster können Sie Ihre Auswahl anpassen. Sie können wählen, ob Sie alle E-Mails oder bestimmte Labels sichern möchten.

Nachdem Sie Ihre Auswahl
getroffen haben, klicken Sie auf
OK.

3. **Wählen Sie Exportoptionen:**
   - Nachdem Sie die Daten ausgewählt
     haben, die Sie sichern möchten,
     scrollen Sie nach unten zum Ende
     der Seite.
   - Klicken **Nächster Schritt**.
   - In den Exportoptionen können Sie
     folgende Einstellungen wählen:
     - **Dateityp:** Wählen Sie das
       Dateiformat für Ihr Backup.
       Zu den Optionen gehören .zip
       oder .tgz.
     - **Archivgröße:** Wählen Sie
       die maximale Größe für Ihre
       Exportdateien. Wenn Ihre
       Daten diese Größe
       überschreiten, erstellt Google
       mehrere Dateien. Die
       Optionen reichen
       normalerweise von 1 GB bis
       50 GB.

- **Versandart:** Entscheiden Sie, wie Sie Ihren Download-Link erhalten möchten. Sie können es per E-Mail versenden lassen oder es zu Ihrem Google Drive, Dropbox, OneDrive oder Box hinzufügen.

4. **Starten Sie den Export:**
   o Klicken Sie nach dem Konfigurieren der Optionen auf **Export erstellen**. Google beginnt mit der Vorbereitung Ihrer Daten für den Download. Dieser Vorgang kann je nach Größe Ihres E-Mail-Archivs einige Zeit dauern.
   o Sie erhalten eine E-Mail-Benachrichtigung, sobald der Export abgeschlossen ist, zusammen mit einem Link zum Herunterladen Ihrer Daten.

5. **Laden Sie Ihr Backup herunter:**

- o Öffnen Sie die E-Mail von Google und klicken Sie auf den bereitgestellten Download-Link.
- o Die Daten liegen in einem komprimierten Format (z. B. .zip) vor, sodass Sie die Dateien nach dem Herunterladen möglicherweise extrahieren müssen.
- o Ihre gesicherten E-Mails werden im MBOX-Format gespeichert, das mit verschiedenen E-Mail-Clients zum Importieren kompatibel ist.

6. **Regelmäßige Backups:**
   - o Erwägen Sie, eine Erinnerung einzurichten, um Ihre Gmail-Daten regelmäßig zu sichern. Dadurch wird sichergestellt, dass Sie immer über die aktuellsten E-Mails und Informationen verfügen.

E-Mails und Kontakte exportieren und importieren

Das Sichern ist nur ein Teil der Gleichung; Um Ihre Daten effektiv verwalten zu können, müssen Sie unbedingt wissen, wie Sie E-Mails und Kontakte exportieren und importieren. So machen Sie beides:

E-Mails exportieren:

1. **E-Mails aus Gmail exportieren:**
   - Gmail bietet keine integrierte Funktion, um E-Mails direkt in ein benutzerfreundliches Format zu exportieren. Stattdessen können Sie wie oben beschrieben Google Takeout verwenden, um Ihre E-Mails zu sichern.
   - Die exportierten E-Mails liegen im MBOX-Format vor, das in E-Mail-Clients wie Mozilla Thunderbird oder Apple Mail zur weiteren Verwaltung verwendet werden kann.
2. **E-Mail-Clients zum Exportieren von E-Mails verwenden:**

- ○ Wenn Sie zum Exportieren Ihrer
  E-Mails lieber einen E-Mail-Client
  verwenden möchten:
  - ■ **Schritt 1:** Richten Sie Ihr
    Gmail-Konto in einem
    E-Mail-Client (z. B.
    Thunderbird) ein.
  - ■ **Schritt 2:** Erlauben Sie dem
    Client, alle Ihre E-Mails zu
    synchronisieren.
  - ■ **Schritt 3:** Nutzen Sie die
    Exportfunktion des
    E-Mail-Clients, um E-Mails
    in Formaten wie .eml oder
    .pst (für Outlook) zu
    speichern.

E-Mails importieren:

1. **E-Mails in Gmail importieren:**
   - ○ Wenn Sie E-Mails in Ihr
     Gmail-Konto importieren möchten,
     können Sie dies mit einem
     E-Mail-Client tun.

- ○ **Schritt 1:** Richten Sie Ihren E-Mail-Client (wie Thunderbird) ein und konfigurieren Sie ihn mit Ihrem Gmail-Konto.
- ○ **Schritt 2:** Importieren Sie die MBOX-Datei (oder andere Formate wie .eml) mit der Importfunktion des E-Mail-Clients.
- ○ **Schritt 3:** Stellen Sie nach dem Import der E-Mails sicher, dass sie wieder mit Ihrem Gmail-Konto synchronisiert werden.

2. **E-Mails von einem anderen Gmail-Konto importieren:**
   - ○ Mit Gmail können Sie E-Mails von einem anderen Gmail-Konto importieren:
   - ○ **Schritt 1:** Gehen Sie zu Ihrem Gmail-Konto, klicken Sie auf das Zahnradsymbol und wählen Sie dann aus **Alle Einstellungen anzeigen**.
   - ○ **Schritt 2:** Navigieren Sie zu **Konten und Import** Tab.

○ **Schritt 3:** Klicken Sie im Abschnitt „E-Mails und Kontakte importieren" auf **Importieren Sie E-Mails und Kontakte**.

○ **Schritt 4:** Befolgen Sie die Anweisungen, um die E-Mail-Adresse und das Passwort des anderen Gmail-Kontos einzugeben.

○ **Schritt 5:** Wählen Sie die Optionen für das aus, was Sie importieren möchten, z. B. E-Mails und Kontakte.

Kontakte exportieren und importieren:

1. **Kontakte exportieren:**

   ○ So exportieren Sie Ihre Kontakte aus Gmail:

   ○ **Schritt 1:** Öffnen Sie Gmail und klicken Sie auf **Google Apps** Symbol (das Neun-Punkte-Raster) in der oberen rechten Ecke.

   ○ **Schritt 2:** Wählen **Kontakte**.

- ○ **Schritt 3:** Klicken Sie in der Benutzeroberfläche „Kontakte" auf **Export** Option in der linken Seitenleiste.
- ○ **Schritt 4:** Wählen Sie die Kontakte aus, die Sie exportieren möchten (alle Kontakte oder eine bestimmte Gruppe) und wählen Sie das Format für den Export aus (Google CSV, Outlook CSV oder vCard).
- ○ **Schritt 5:** Klicken Sie auf **Export** um die Datei herunterzuladen.

2. **Kontakte importieren:**
   - ○ So importieren Sie Kontakte in Gmail:
   - ○ **Schritt 1:** Öffnen Sie Gmail und gehen Sie zu **Kontakte** Seite.
   - ○ **Schritt 2:** Klicken Sie auf **Import** Option in der linken Seitenleiste.
   - ○ **Schritt 3:** Wählen Sie die Datei mit Ihren Kontakten (CSV oder vCard) aus und klicken Sie auf **Import**.
   - ○ **Schritt 4:** Ihre Kontakte werden Ihrem Gmail-Konto hinzugefügt

und Sie können sie nach Bedarf in
Gruppen organisieren.

Glossar der Begriffe

1. **Bestätigung in zwei Schritten** – Ein Sicherheitsmerkmal, das zwei Arten der Identifizierung erfordert, um auf ein Konto zuzugreifen.
2. **Kontowiederherstellung** – Methoden zur Wiederherstellung des Zugriffs auf ein Gmail-Konto, wenn es vergessen oder gehackt wurde.
3. **Anhang** – Eine Datei (z. B. ein Dokument, ein Bild), die in einer E-Mail-Nachricht enthalten ist.
4. **Archiv** – Eine Gmail-Funktion, die eine E-Mail aus Ihrem Posteingang entfernt, ohne sie zu löschen.

5. **BCC (Blind Carbon Copy)** – Sendet eine E-Mail an mehrere Empfänger, ohne deren E-Mail-Adressen anzuzeigen.

6. **CC (Durchschlag)** – Sendet eine E-Mail an mehrere Empfänger und zeigt die E-Mail-Adressen aller Empfänger an.

7. **Chatten** – Ein in Gmail integrierter Echtzeit-Messaging-Dienst.

8. **Komponieren** – Der Vorgang des Schreibens und Erstellens einer neuen E-Mail.

9. **Konversationsansicht** – Gruppiert verwandte E-Mail-Antworten in einem einzigen Thread.

10. **Kontaktgruppe** – Eine Gruppe von E-Mail-Adressen zum gleichzeitigen Senden von E-Mails an mehrere Kontakte.

11. **Entwurf** – Eine teilweise geschriebene E-Mail, die zur späteren Bearbeitung oder zum späteren Senden gespeichert wird.

12. **E-Mail-Client** – Ein Programm oder eine App zum Zugriff auf und zur Verwaltung von E-Mails (z. B. Outlook, Thunderbird).

13. **E-Mail-Signatur** – Eine personalisierte
    Nachricht oder Kontaktinformationen, die
    automatisch am Ende einer E-Mail
    hinzugefügt werden.
14. **Emoji** – Kleine grafische Symbole, die
    verwendet werden, um Emotionen in
    E-Mails auszudrücken.
15. **Export** – Der Vorgang des Herunterladens
    von Daten aus Gmail (z. B. E-Mails,
    Kontakte).
16. **Filter** – Regeln, die eingehende E-Mails
    automatisch nach bestimmten Kriterien
    organisieren.
17. **Flagge** – Markieren Sie eine E-Mail als
    wichtig, damit Sie später darauf
    zurückgreifen können.
18. **Weiterleitung** – Die Aktion, eine E-Mail,
    die Sie erhalten haben, an eine andere
    Person zu senden.
19. **Google Mail** – Googles kostenloser
    webbasierter E-Mail-Dienst.
20. **Google-Konto** – Ein universelles Login
    für Google-Dienste, einschließlich Gmail.

21. **Google Kalender** – Ein Zeitmanagement-
    und Planungstool, das in Gmail integriert
    ist.
22. **Google Drive** – Ein in Gmail integrierter
    cloudbasierter Speicherdienst zum Senden
    großer Dateien.
23. **Google Keep** – Ein Notizdienst, auf den
    über Gmail zugegriffen werden kann.
24. **Google Meet** – Ein in Gmail verfügbarer
    Videokonferenzdienst.
25. **Google Takeout** – Ein Dienst zum
    Exportieren Ihrer Google-Daten,
    einschließlich Gmail.
26. **Import** – Die Aktion, Daten in Gmail zu
    übertragen (z. B. E-Mails, Kontakte).
27. **Posteingang** – Der primäre Ordner, in
    dem alle eingehenden E-Mails empfangen
    werden.
28. **Etikett** – Die Ordnerversion von Gmail,
    die zum Kategorisieren und Organisieren
    von E-Mails verwendet wird.
29. **Link** – Ein anklickbarer Text oder eine
    URL, die in eine E-Mail eingebettet ist.

30. **MBOX** – Ein Dateiformat zum Speichern von E-Mail-Nachrichten, das häufig für Backups verwendet wird.

31. **Benachrichtigung** – Eine Benachrichtigung, die Benutzer über neue E-Mails oder Ereignisse informiert.

32. **Offline-Modus** – Die Möglichkeit, ohne Internetverbindung auf Gmail zuzugreifen.

33. **Postausgang** – Ein temporärer Speicher für E-Mails, die auf den Versand warten.

34. **Phishing** – Betrügerische Versuche, vertrauliche Informationen über betrügerische E-Mails zu stehlen.

35. **Priorisierter Posteingang** – Eine Gmail-Funktion, die automatisch funktioniert organisieren E-Mails nach Wichtigkeit in Kategorien einteilen.

36. **Profilbild** – Das Bild, das neben Ihrem Gmail-Namen erscheint.

37. **Empfänger** – Die Person oder Gruppe, an die eine E-Mail gerichtet ist.

38. **Antwort** – Die Aktion, auf eine E-Mail zu antworten.

39.**Allen antworten** – Die Aktion, allen Empfängern in einem E-Mail-Thread zu antworten.
40.**Suchleiste** – Ein Tool zum Auffinden bestimmter E-Mails oder Kontakte in Gmail.
41.**Sicherheitswarnungen** – Benachrichtigungen über verdächtige Aktivitäten oder Sicherheitsprobleme mit Ihrem Konto.
42.**Schicken** – Die Aktion, eine E-Mail an ihren Empfänger zuzustellen.
43.**Gesendete E-Mail** – Ein Ordner mit allen E-Mails, die Sie gesendet haben.
44.**Spam** – Unerwünschte oder unverlangte E-Mails, die häufig Betrug oder Werbung enthalten.
45.**Mit einem Stern versehen** – Eine Möglichkeit, wichtige E-Mails mit einem Stern hervorzuheben.
46.**Synchronisieren** – Der Prozess, Daten (z. B. E-Mails, Kontakte) über mehrere Geräte hinweg auf dem neuesten Stand zu halten.

47. **Faden** – Eine Kette zusammengehöriger E-Mail-Antworten, die als einzelne Konversation angezeigt werden.

48. **Müll** – Der Ordner, in dem gelöschte E-Mails vorübergehend gespeichert werden, bevor sie endgültig entfernt werden.

49. **Zwei-Faktor-Authentifizierung** – Ein anderer Begriff für die zweistufige Verifizierung, die eine zusätzliche Sicherheitsebene hinzufügt.

50. **Senden rückgängig machen** – Eine Gmail-Funktion, mit der Sie eine E-Mail Sekunden nach dem Senden abrufen können.

51. **Abbestellen** – Die Aktion, sich vom Erhalt von Newslettern oder Marketing-E-Mails abzumelden.

52. **Urlaubshelfer** – Eine automatische Antwort wird gesendet, wenn Sie nicht im Büro sind oder nicht erreichbar sind.

53. **Webmail** – E-Mail-Dienste, auf die über einen Webbrowser wie Gmail zugegriffen wird.

54. **Arbeitsplatz** – Eine Gruppe von Google-Tools für Unternehmen, einschließlich Gmail.

55. **Entwurfsordner** – Der Bereich von Gmail, in dem nicht gesendete E-Mails gespeichert werden.

56. **Zurückspringen** – Wenn eine E-Mail nicht zugestellt werden kann und an den Absender zurückgesendet wird.

57. **Automatische Antwort** – Eine Funktion, die automatisch eine vorab geschriebene Antwort auf eingehende E-Mails sendet.

58. **Anhangslimit** – Gmails Dateigrößenbeschränkung für Anhänge (derzeit 25 MB).

59. **Vertraulicher Modus** – Eine Gmail-Funktion, mit der Sie Nachrichten mit Ablaufdatum und Zugriffsbeschränkungen senden können.

60. **Konversations-Threading** – Die Methode zum Gruppieren zusammengehöriger E-Mails in einer Ansicht.

61. **Datensicherung** – Der Prozess der Erstellung einer Kopie von E-Mails und Kontakten zur sicheren Aufbewahrung.
62. **Löschen** – Die Aktion, eine E-Mail dauerhaft zu entfernen.
63. **Delegiertes Konto** – Gewähren Sie einer anderen Person Zugriff auf Ihr Gmail-Konto.
64. **Entwurf für automatische Speicherung** – Eine Funktion, die Ihre E-Mail-Entwürfe während der Eingabe automatisch speichert.
65. **E-Mail-Header** – Der Abschnitt einer E-Mail, der Informationen wie Absender, Empfänger und Betreff enthält.
66. **E-Mail-Text** – Der Hauptinhaltsbereich einer E-Mail.
67. **E-Mail-Weiterleitung** – Die automatische Umleitung von E-Mails von einem Konto zu einem anderen.
68. **Eingebettete Bilder** – Bilder werden direkt im Textkörper einer E-Mail angezeigt.

69. **Filterkriterien** – Regeln zum automatischen Sortieren und Organisieren eingehender E-Mails.
70. **Weiterleitungsadresse** – Die E-Mail-Adresse, an die weitergeleitete Nachrichten gesendet werden.
71. **HTML-E-Mail** – Eine mit HTML formatierte E-Mail, die Rich-Text, Bilder und Links ermöglicht.
72. **Posteingang Null** – Eine Methode, Ihren Posteingang leer zu halten, indem E-Mails archiviert, gelöscht oder sofort beantwortet werden.
73. **Junk-Mail** – Ein anderer Begriff für Spam oder unerwünschte E-Mails.
74. **Tastaturkürzel** – Eine Reihe von Tastenkombinationen für eine schnellere Gmail-Navigation.
75. **Etikettenfarbe** – Eine Funktion, mit der Sie Gmail-Labels Farben zuweisen können, um die Kategorisierung zu erleichtern.

76. **Serienbrief** – Eine Funktion, mit der Sie personalisierte Massen-E-Mails an eine Liste von Empfängern senden können.
77. **Stumm** – Eine Funktion, die zukünftige Antworten in einem Konversationsthread in Ihrem Posteingang verbirgt.
78. **Benachrichtigungstöne** – Es werden Töne abgespielt, wenn neue E-Mails eingehen oder Benachrichtigungen ausgelöst werden.
79. **Outlook-Integration** – Gmail mit Microsoft Outlook synchronisieren.
80. **Personalisierung** – Passen Sie das Erscheinungsbild und die Funktionen von Gmail an Ihre Vorlieben an.
81. **POP3** – Ein Protokoll, das zum Herunterladen von E-Mails von einem Server auf ein Gerät verwendet wird.
82. **Vorschaufenster** – Eine Gmail-Funktion, mit der Sie E-Mails anzeigen können, ohne sie in einem separaten Fenster zu öffnen.

83. **Quote** – Der maximal zulässige Speicherplatz für Ihr Gmail-Konto (derzeit 15 GB für kostenlose Benutzer).

84. **Lesebereich** – Der Bereich von Gmail, in dem E-Mails zum Lesen angezeigt werden.

85. **Aufbewahrungsrichtlinie** – Regeln, wie lange E-Mails gespeichert werden, bevor sie archiviert oder gelöscht werden.

86. **Schlummern** – Eine Funktion, mit der Sie eine E-Mail vorübergehend aus Ihrem Posteingang entfernen und einen Zeitpunkt festlegen können, zu dem sie wieder angezeigt wird.

87. **Intelligente Antwort** – Empfohlene kurze Antworten auf E-Mails, die von der KI von Gmail generiert wurden.

88. **SMTP** – Ein Protokoll zum Senden von E-Mails von einem Server an einen anderen.

89. **Registerkarte „Sozial".** – Eine Gmail-Kategorie zum Sortieren von E-Mails aus sozialen Netzwerken.

90. **Betreffzeile** – Der Titel oder die Überschrift einer E-Mail.

91. **Thread-Gespräche** – Eine Methode zum Gruppieren zusammengehöriger E-Mails in einer einzigen Ansicht, auch Konversationsansicht genannt.

92. **Papierkorbordner** – Ein Ordner, in dem gelöschte E-Mails vorübergehend gespeichert werden, bevor sie dauerhaft entfernt werden.

93. **Unmute** – Die Aktion, eine stummgeschaltete Konversation in Ihrem Posteingang wiederherzustellen.

94. **Ungelesene E-Mails** – E-Mails, die noch nicht geöffnet oder gelesen wurden.

95. **Bestätigungscode** – Ein Code, der zur Überprüfung Ihrer Identität gesendet wird und häufig bei der Kontowiederherstellung oder der Bestätigung in zwei Schritten verwendet wird.

96. **Webversion** – Zugriff auf Gmail über einen Webbrowser statt über eine App oder einen Client.

97. **Whitelist** – Eine Liste genehmigter
    E-Mail-Adressen oder Domänen, von
    denen Sie E-Mails erhalten möchten.

98. **Arbeitsbereichsadministrator** – Eine
    Person, die für die Verwaltung von Gmail
    und anderen Google Workspace-Diensten
    in einem Unternehmen oder einer
    Organisation verantwortlich ist.

99. **Kein Posteingang** – Eine
    Produktivitätsmethode, die darauf abzielt,
    den Posteingang durch effiziente
    E-Mail-Verwaltung leer zu halten.

100. **Zoom-Integration** – Verwendung von
    Gmail mit dem Videokonferenzdienst
    Zoom.

Gmail Leicht Gemacht

Gmail Leicht Gemacht

www.ingramcontent.com/pod-product-compliance
Lightning Source LLC
LaVergne TN
LVHW051223050326
832903LV00028B/2235